Eva Maria Kraiss

Schwäbisch Hall

Ein Stadtführer

Eva Maria Kraiss, geboren 1944 in Prag, aufgewachsen in Stuttgart, lebt seit 1968 in Schwäbisch Hall und Michelbach/Bilz. Fotografische Dokumentationen und touristische Publikationen insbesondere über Hohenlohe. Beteiligt an den Kreisbeschreibungen Schwäbisch Hall, Hohenlohe, Heilbronn sowie an den Bildbänden *Württemberger Weinstraße* und *Schwäbisch Hall zwischen Tradition und Moderne*. Mit weiteren Veröffentlichungen, gemeinsam mit Marion Reuter, im Swiridoff Verlag vertreten: *... und erschlugen sich um ein Stücklein Brot – Sühnekreuze in den Landkreisen Schwäbisch Hall und Hohenlohe, Beth Hachajim – Haus des Lebens – Jüdische Friedhöfe in Württembergisch-Franken.* 2016 erschien ihr Buch *Schwäbisch Hall Wappen, Wirtshausschilder und Handwerkszeichen – Symbole der Vergangenheit*, 2018 *Auf immer verloren. Spuren jüdischen Lebens in Hohenlohe Franken*.

Die Autorin und der Verlag bedanken sich bei Dr. Andreas Maisch und Daniel Stihler vom Stadt- und Hospitalarchiv Schwäbisch Hall für die Überprüfung und Ergänzung historischer Fakten.

4. Auflage 2019
Swiridoff Verlag, Künzelsau
ISBN 978-3-934350-64-9

Schwäbisch Hall Ein Stadtführer

Text und Fotos: Eva Maria Kraiss;
Ufuk Arslan (Seite 3, 54 unten, 57 oben), Marion Reuter (Seite 18, 77, 90),
Kunsthalle Würth (Seite 64 unten, 65 unten), Julia Schambeck (Seite 74),
Stadtarchiv Schwäbisch Hall (Seite 8, 10, 11, 12)
Jürgen Weller Fotografie (Seite 22, 32, 33, 44).

Idee und Gestaltung:
green design Elke Müller, Schwäbisch Hall
www.greendesign01.de

Druck: Memminger MedienCentrum, Memmingen
Lektorat: Isolde Bacher, Stuttgart; K. Merryl Zepf, Stuttgart

Adolf Würth GmbH & Co. KG
Museum Würth · Swiridoff Verlag
Reinhold Würth Str. 15, D-74653 Künzelsau
www.swiridoff.de

INHALT

Liebe Leserin, lieber Leser,

mit Schwäbisch Hall verbinden sich viele Assoziationen: der Heller, die größte Bausparkasse Deutschlands, die Freilichtspiele auf den Stufen von St. Michael, die international renommierte Kunsthalle Würth und die Alten Meister mit der Schutzmantelmadonna von Hans Holbein d. J. in der Johanniterkirche, das stadt- und regionalgeschichtlich reich ausgestattete Hällisch-Fränkische Museum, dessen bemalte Holzsynagoge von 1738/39 europaweit einzigartig ist, aber auch das Freilandmuseum Wackershofen, das die bäuerliche Vergangenheit lebendig werden lässt. Darüber hinaus existiert ein vielfältiges und anspruchsvolles Kulturleben, und auch die lebendige Tradition der Salzsieder zählt neben gepflegter Gastlichkeit und Sterneköchen zu den Pfunden, mit denen unsere Stadt wuchern kann.

Schwäbisch Hall steht aber nicht still, sondern ist der Zukunft zugewandt: Historischer Baubestand ist verbunden mit preisgekrönter moderner Architektur, die Stadt wächst und ist Standort einer Hochschule und innovativer Unternehmen. Mitten im Herzen der Stadt, auf dem Gelände der ehemaligen Vollzugsanstalt, wurden mit dem Kocherquartier 15.000 qm Fläche für Handel, Dienstleistungen, Bildung, Wohnen und Gastronomie geschaffen – das größte Bauprojekt in der Kernstadt seit dem großen Stadtbrand von 1728.

Mit 40.000 Einwohnerinnen und Einwohnern ist Schwäbisch Hall zweitgrößte Stadt und Mittelzentrum in Heilbronn-Franken, der dynamischsten Region Baden-Württembergs. Menschen aus über 100 Ländern leben, arbeiten und studieren hier in einer Stadt, die ihre Gäste mit dem Motto „friedlich, bunt und weltoffen" willkommen heißt.

Schwäbisch Hall bleibt sich treu, befindet sich aber auch in einem stetigen Wandel. Eva Maria Kraiss hat deshalb die vorliegende Neuauflage überarbeitet, mit zusätzlichen Informationen und aktuellen Fotos ergänzt. Die Autorin ist eine profunde Kennerin der Haller Geschichte und jedes Winkels dieser Stadt. Ihr mit viel Empathie geschriebener und fotografierter Stadtführer ist ein guter Begleiter für alle Gäste, Neubürgerinnen und Neubürger, aber auch alteingesessene Hallerinnen und Haller werden manch Neues über ihre Stadt erfahren.

Der neue Stadtführer ist ein sehr sympathischer Botschafter unserer Stadt. Ich lade Sie ein, lassen Sie sich anregen und starten Sie zu Ihrer eigenen persönlichen Entdeckungsreise durch Schwäbisch Hall.

Hermann-Josef Pelgrim
Oberbürgermeister

So very nice and not expensive

Eine Annäherung an Schwäbisch Hall

Natur hat diese Stadt gewiegt und Kunst sie gebildet. An zwei Abhängen, die der Kocher durchbricht, steigt sie anmutig prächtig hinauf … Auf, Nieder, Winkel und Bogen, alles so glücklich benutzt und ineinander gewachsen, daß es wie ein lobpreisender Auszug deutscher Welt vor dem überraschten Wanderer liegt.

Es ist lange her, seit die Schriftstellerin Ricarda Huch ihre Begeisterung über Schwäbisch Hall mit diesen schwärmerischen Worten umschrieben hat. Da äußerte sich ein englischer Filmmagnat, der in seinem

Rolls-Royce gefahren kam, um eine Kaffeepause zu machen, und dann acht Tage blieb, ebenso begeistert, aber doch etwas prosaischer über die Stadt: *so very nice and not expensive.*

Schwäbisch Hall zählt im weitesten Sinne zu Hohenlohe, einem geografischen Begriff, der bis heute nicht ganz eindeutig abzugrenzen ist. Auf den ersten Blick ist Hohenlohe – geologisch formuliert – eine „Ebene", eine flachwellige Lettenkeupertafel, die auf mächtigen Muschelkalkschichten liegt. Ein Bauernland noch immer, mit Dörfern, von denen manche ihren ursprünglichen Charakter als Haufendorf weitgehend noch bewahren konnten. Viele aber haben sich durch die überall stattfindenden Ortskernsanierungen ein „modernes" Gesicht zugelegt, sind mit in Felder und Wiesen hinausreichenden, stereotypen Neubau- und Gewerbeansiedlungen zu austauschbaren Siedlungskonglomeraten geworden. Dies ist zum Beispiel der erste Eindruck, wenn man, von Stuttgart kommend, die Rote Steige Richtung Michelfeld hinabfährt, nur wenige Kilometer noch von Hall entfernt. Über der zersiedelten Ebene, da, wo man die Stadt nur vermuten kann, erheben sich die sanften, zum Teil bewaldeten Keuperberge wie der Mainhardter Wald und die Limpurger Berge mit dem 510 m hohen Einkorn.

Es gibt viele Möglichkeiten, sich der Stadt zu nähern, als Individualreisender oder Bustourist über Autobahn und Bundesstraßen, als Radler auf dem Kocher-Jagst-Radweg oder gar, wie Ricarda Huch, als Wanderer. Das Einzigartige der Stadt, unbestritten eine der schönsten Städte Deutschlands, erschließt sich dem Besucher allerdings erst, wenn er mitten in ihr steht, auf dem Marktplatz, am Kocher beim Grasbödele oder von der Terrasse der Kunsthalle Würth aus. Den wohl schönsten Blick auf die Stadt und ihre Lage im Kochertal genießt man jedoch vom Dach des benachbarten Sudhauses aus.

Schwäbisch Hall liegt gut versteckt auf dem Talgrund des Kochers, der zusammen mit Jagst und Bühler, aber auch zahlreichen Nebenflüssen und Klingen im Laufe von Millionen Jahren den widerstandsfähigen

oberen Muschelkalk durchsägen musste, um dann in Mäandern durch aufgeschüttete Ablagerungen Richtung Neckar zu fließen. Auf einem solchen Talboden, vom Fluss in zwei ungleiche Teile zerschnitten, drängt sich die Altstadt. Die Begrenzung durch die etwa 50 Meter höher steigenden Kocherhänge war dabei für die Stadt Chance und Risiko zugleich. Da der Platz beengt war, musste man sich frühzeitig von der eigentlichen Kernstadt auf dem breiteren Gleithang über den Kocher und entlang des Flusses ausdehnen, wo dann die später auch ummauerten Vorstädte entstanden. Größere Siedlungserweiterungen entwickelten sich deshalb im 20. Jahrhundert auf den umliegenden Höhen. So blieb der Altstadtkern mit seinem teilweise noch mittelalterlichen Erscheinungsbild weitgehend homogen.

Dies bedeutet nicht, dass es nur Häuser aus dem Mittelalter im Innenstadtbereich gibt. Große Teile der Stadt wurden bei mehreren Bränden zerstört. Insbesondere der Stadtbrand von 1728 vernichtete nahezu jedes Gebäude zwischen Marktplatz und Kocher. Jetzt entstanden auch großbürgerliche, im Laufe der Zeit jedoch vielfach baulich veränderte Häuser. Inzwischen wurden zahlreiche Gebäude sorgsam renoviert und die historische Bausubstanz wieder sichtbar gemacht. Dennoch mussten immer wieder auch moderne Gebäude mit einer zeitgemäßen Nutzung in die Altstadt integriert werden, so etwa das „Glashaus" am Milchmarkt. Heftige Diskussionen entbrannten zwischen den Bewahrern der Tradition und den Verfechtern einer der Gegenwart entsprechenden Architektur. Das Ergebnis ist ein lebhaftes Miteinander von Alt und Modern und selbst die Gebäude des Marktplatzes, vom Betrachter als unvergleichlich geschlossen und stimmig empfunden, sind nicht aus einem „Guss", sondern Bauwerke aus sieben Jahrhunderten!

Manche Gebäude wurden – auch nicht unumstritten – in ihrer äußeren Erscheinung belassen, im Inneren jedoch völlig entkernt, so zum Beispiel der ehemalige Gasthof Dreikönig. Dank dieser unterschiedlichen

Ansätze ist die Altstadt kein Mittelalter-Museum, sondern ein lebendiger Ort mit historischer Bausubstanz und zeitgemäßer Architektur. Was könnte überzeugender sein als der moderne Glas-, Stahl- und Muschelkalkneubau der Kunsthalle Würth inmitten der mittelalterlichen Häuser der Katharinenvorstadt?

Was nun einerseits eine Chance war, nämlich die Stadt weitgehend geschlossen zu erhalten, ist gleichzeitig für manche ein Problem. Viele Betriebe, vor allem Supermärkte, siedeln sich mit großen Parkflächen auf der grünen Wiese an. Die Einzelhändler der Innenstadt fürchten zu Recht um ihre Existenz. Wer die Stadt besucht, bemerkt jedoch, dass nicht der billige Parkplatz, sondern vor allem das Flair beim Bummeln und Einkaufen unvergleichliche Lebensqualität bietet. Die Angebote sind gut, zahlreiche Straßencafés, Kneipen und Restaurants bieten in attraktiver Umgebung für Besucher und selbst für Einheimische ein Stück Urlaubsgefühl. Allein das vielfältige Kulturangebot, die zahlreichen Feste, zu denen Touristen von weit her reisen, ein Festspielabend auf dem Marktplatz, wo umherschwirrende Mauersegler den Unter- gang der Sonne und den Beginn der Theateraufführung begleiten – all das ist Urlaub pur.

Mit dem weitgehendem Abriss und der Umgestaltung des Areals der ehemaligen Vollzugsanstalt am Kocher entstand ein neues Innenstadtquartier am Rande der Altstadt. Das „Jahrhundertprojekt" mit Läden, Gastronomie, Bildungseinrichtungen, Bankzentrale, Terrassenwohnungen, dem Bonhoefferplatz, neuem Omnibusbahnhof und Öffnung zum Fluss bietet somit die Chance, den Trend zu den Konsumzentren „auf der grünen Wiese" zu begrenzen.

SIBILLA EGEN

1470 in Dinkelsbühl als Tochter des aus dem Haller Stadtadel stammenden Bürgermeisters geboren, kümmerte sie sich, früh verwitwet, persönlich mit finanzpolitischem Geschick um ihr Vermögen. Einen großen Teil ihrer Erträge investierte sie in zahlreichen Stiftungen, zum Beispiel in das „Reiche Almosen" zugunsten studierender Söhne der Stadt, später auch in die Unterstützung unverheirateter Frauen, bedürftiger Witwen und junger Handwerker. Sibilla Egen starb am 23. September 1538. Ihr Epitaph hängt in St. Michael.

Im Sibilla-Egen-Haus am Marktplatz ist das Kulturbüro der Stadt untergebracht.

EIN STREIFZUG DURCH DIE GESCHICHTE

Um **4000 v. Chr.** Jungsteinzeitliche Bandkeramiker im Bereich der Kreuzäckersiedlung. **500 v. Chr.** Eine Salzquelle bewirkt die Ansiedlung von Kelten im Bereich der heutigen Altstadt. Diese wird belegt durch Funde von Holztrögen und tönernen Siedeofen einer vorchristlichen Saline. **1078** Gründung des Benediktinerklosters Comburg durch die Grafen von Comburg-Rothenburg. **Um 1090** Im auf 1037 datierten Öhringer Stiftungsbrief erste Erwähnung der „villa halle superior". Die gefälschte Urkunde stammt aus der Zeit um 1090.

1116 Nach Aussterben des Grafengeschlechtes fällt Hall an die Hohenstaufen. **1156** Das romanische Münster St. Michael wird geweiht, in diesem Zusammenhang wird „halle" erstmals urkundlich gesichert erwähnt. Unter den Staufern wird Hall ausgebaut und erhält in der Folgezeit Stadt- und Marktrecht. In ihrem Auftrag wird der Heller, ein Silberpfennig, geprägt.

1190 König Heinrich VI. besucht mit 4000 Fürsten, Rittern und Edelleuten im Gefolge „Hall in Schwaben", wo er prachtvoll Hof hält.

1228 Neustiftung des städtischen Spitals für Kranke und Pilger (heute „Hospital zum Heiligen Geist"). **Um 1230** Unweit der Stadt baut Walter von Schüpf die Limpurg. Am Fuß der Burg entsteht eine Siedlung mit der Pfarrkirche St. Maria. **1241** Erste Erwähnung einer Haller Judengemeinde in der Reichssteuerliste. **1255** Nach dem Ende der Staufer muss Hall die Schutzherrschaft der Schenken von Limpurg anerkennen. **1280** Rudolf von Habsburg weist deren Ansprüche in einem Schiedsspruch ab. Danach entwickelt sich Hall zur Reichsstadt und ist nur noch dem Kaiser untertan. Seit Mitte des 13. Jahrhunderts werden die Stadt und ihre Erweiterungen mit Mauern, Stadttoren und Türmen befestigt.

1306 Erstes urkundliches Verzeichnis aller Besitzer von Nutzungsrechten an der Saline. **1316** Erster Stadtbrand. **1339** Hall erhält das Recht, auf seinem Gebiet die Errichtung von Burgen zu verhindern. Zudem wird in der Folgezeit, vor allem im 15./16. Jahrhundert, das städtische Gebiet durch Erwerb eines Landbesitzes mit über hundert Dörfern und Weilern vergrößert. Eine mit fünf Türmen, Hecken, Wall und Graben gesicherte Rechtsgrenze, die „Landheg", markiert ein Territorium von ca. 330 km² mit 21 000 Einwohnern, das um 1600 im Vergleich zu allen deutschen Reichsstädten nur noch von Nürnberg, Ulm und

Rothenburg ob der Tauber übertroffen wird. **1340** Handwerkern und „Mittelbürgern" wird durch einen Schiedsspruch Kaiser Ludwigs des Bayern die Teilnahme am Rat zugesprochen. Dadurch Ende der „Ersten Zwietracht". An der Spitze des Rats steht der jährlich wechselnde Stättmeister. **1349** Die in Europa wütende Pest und Gerüchte über die Entführung und Ermordung eines Kindes lösen ein Judenpogrom aus. Über 300 Haller Juden werden in einem Turm auf dem Rosenbühl verbrannt. Kaiser Karl IV. legt der Stadt ein Bußgeld von 800 Gulden auf.

1427–1456 Umbau der Kirche St. Michael im Bereich des Langhauses, in der Folgezeit auch Neubau des Chors, der Sakristei und Erhöhung des Turms, Blütezeit des städtischen Bauwesens. **1431** Hall mauert nach Streitigkeiten mit den Schenken von Limpurg das Limpurger Tor zu.

1509–1512 Die „Zweite Zwietracht" wird durch den bürgerlichen Stättmeister Hermann Büschler ausgelöst. Ihm wird der Zutritt zur adligen Trinkstube verwehrt, wo die Ratsbeschlüsse vorbereitet werden. Büschler eröffnet eine bürgerliche Trinkstube – schließlich bringt das Ende dieser Auseinandersetzungen der bürgerlichen Mehrheit die Vorherrschaft. Viele Adelsfamilien verlassen in der Folgezeit die Stadt. **1522** Johannes Brenz (1499–1570) wird vom Rat der Stadt als Prediger an St. Michael berufen. Er führt die Reformation in der Stadt ein. **1524** In ihrem Verlauf werden die katholischen Kirchen St. Johann und St, Maria am Schuppach geschlossen. **1525** Im Bauernkrieg ziehen bei Gottwollshausen 4000 Bauern gegen Hall. Stättmeister Schletz lässt eine Kanone abfeuern, das Bauernheer läuft *ganz verstöbert* auseinander *wie ein Haufen Gäns*. **1541** Die Stadt kauft von Schenk Erasmus von Limpurg die Burg vor den Toren der Stadt, zerstört sie und bekommt neben der Ortschaft Unterlimpurg weitere Besitzungen. Die Schenken ziehen nach Gaildorf und Obersontheim. Das zugemauerte Limpurger Tor wird wieder geöffnet. **1546–1548** Im Schmalkaldischen Krieg werden die Protestanten besiegt, Johannes Brenz entkommt den kaiserlichen Truppen mit knapper Not. Herzog Alba zieht mit Kaiser Karl V. in der Stadt ein, die Bürger müssen ihnen auf dem Marktplatz huldigen und zahlen 43000 Gulden Strafe.

1618–1648 Die Kriegsparteien des Dreißigjährigen Kriegs ruinieren die Stadt finanziell und wirtschaftlich durch Truppendurchzüge, Besetzungen, Plünderungen und hohe Geldabgaben, sie bleibt dafür aber unzerstört. Im „Haller Hexenbad" lässt der kaiserliche Offizier von Sporck 1644 sieben der Hexerei beschuldigte Frauen aus seinem Tross nach der „Wasserprobe" im Kocher enthaupten und verbrennen. Trotz der Gesamtkosten des Kriegs von über 3,6 Millionen Gulden erholt sich Hall, begünstigt durch Salz- und Weinhandel, finanziell jedoch rasch. **1680**

Ein Blitzschlag löst den zweiten Stadtbrand aus. Ihm fallen rund 100 Gebäude vor allem in der Gelbinger Vorstadt zum Opfer. **1688** Mit dem Schutzbrief für Mayer Seligmann aus Gaildorf beginnt die dauerhafte Ansiedlung von Juden im Gebiet der Reichsstadt Hall. Das Wohnrecht gilt allerdings nur für die Vorstadt Unterlimpurg.

1728 Der dritte Stadtbrand, ausgelöst im Gasthaus *Zum Güldenen Helm*, verwüstet 294 Häuser, das Rathaus, die Kirchen St. Jakob und Zum Hl. Geist, das Spital sowie das Haal mit den Siedeanlagen und Holzvorräten. Der Wiederaufbau vor allem im Barockstil bringt große städtebauliche Veränderungen. So entstehen die zum Kocher führende Neue Straße, das Spital zum Hl. Geist sowie Patrizierhäuser vor allem südlich des Marktplatzes. **1732–1735** Anstelle der abgebrannten Jakobskirche wird das barocke Rathaus durch den württembergischen Baumeister Eberhard Friedrich Heim erbaut. **Um 1738** Eliezer Sussmann aus Brody in Polen malt die Bet-stube des Schutzjuden Moses Mayer in Unterlimpurg und die Zimmersynagoge in der Judengasse in Steinbach aus. **Ab 1739** Die Errichtung von Gradierhäusern steigert den jährlichen Salzertrag von 20 000 auf 80 000 Zentner.

1802 Als Folge der Kriege und Bündnisse Napoleons fällt Hall mit seinem gesamten Territorium an Württemberg, es ist das Ende der Freien Reichsstadt. Wenig später endet auch die Selbständigkeit des Ritterstifts Comburg. Friedrich I. von Württemberg nimmt persönlich den Huldigungseid in Hall ab. Die Stadt mit ca. 5000 Einwohnern wird wenig später zwar Oberamtsstadt, erlebt aber einen empfindlichen Bedeutungsverlust. Auch übernimmt der Staat die Saline gegen den erbitterten Widerstand der Sieder. **1809** Bau der Synagoge in Steinbach, 1811 dort auch Anlage des Jüdischen Friedhofs. **1825** Mit der Entdeckung von Steinsalzlagern beim nahe gelegenen Wilhelmsglück wird die Haller Salzquelle als unrentabel aufgegeben. Auf der Kocherinsel Unterwöhrd wird 1827 ein Solbad eingerichtet und später erweitert in der Hoffnung auf eine Entwicklung Halls zur Kurstadt. **1839** König Wilhelm I. ordnet die Einrichtung eines Kreisgefängnisses und einer Jugendstrafanstalt für ganz Württemberg an. **1854** Die aus wirtschaftlicher Not erzwungene Auswanderung von Haller Bürgern nach Amerika erreicht ihren Höhepunkt. **1862–1879** 1862 wird die Eisenbahnlinie Heilbronn – Hall eröffnet, die 1867 bis Crailsheim weitergeführt wird. 1879 entsteht die Verbindung Hessental – Stuttgart. Nur langsam kommt die Industrialisierung voran. **1886** Gründung des Diakonissenhauses (heute Evangelisches Diakoniewerk und Krankenhaus).

1914–1918 Im August 1914 rückt das III. Bataillon des Reserve-Infanterieregiments 121 nach einem Gottesdienst auf dem Marktplatz aus. 303 Bürger der Stadt fallen im Ersten Weltkrieg, 13 bleiben vermisst. **1924** Die staatliche Saline wird endgültig stillgelegt und abgebrochen. **1925** Gründung der Haller Freilichtspiele. **1934** Hall wird offiziell umbenannt in Schwäbisch Hall. **1936** Ein Fliegerhorst wird in Hessental eingerichtet. Zahlreiche Luftwaffeneinheiten sind bis Ende des Zweiten Weltkriegs dort stationiert, von hier aus beteiligt sich die „Legion Condor" an Luftangriffen im spanischen Bürgerkrieg. Gegen Kriegsende

wird dort unter äußerster Geheimhaltung die Endmontage des ersten in Serie gebauten Düsenjägers der Welt Me 262 durchgeführt. **1938** In der Reichspogromnacht wird der jüdische Betsaal in der Oberen Herrngasse verwüstet, die Einrichtung auf dem Marktplatz verbrannt. Die Synagoge in Steinbach wird in Brand gesteckt, Geschäfte und Privatwohnungen werden demoliert. Ein Teil der noch in der Stadt lebenden Juden emigriert, etwa 40 Mitglieder der jüdischen Gemeinde werden 1941 und 1942 in die Konzentrationslager nach Riga, Theresienstadt, Auschwitz und Izbica deportiert und ermordet. **1940** 273 geistig und körperlich behinderte Menschen, darunter 51 Kinder, werden im Rahmen der „Euthanasie" aus der Diakonissenanstalt abtransportiert, 171 von ihnen in Grafeneck und Hadamar getötet. **1944 – 1945** Im Oktober wird am Hessentaler Bahnhof ein Konzentrationslager eingerichtet.

Die meisten Häftlinge kommen aus Polen, sie werden vor allem auf dem Fliegerhorst eingesetzt, um Bombenschäden zu beseitigen. Seit April 1944 ist dieser Standort bevorzugtes Ziel von Bombenangriffen. Ein amerikanischer Luftangriff am 23. Februar 1945 auf den Bahnhof zerstört zahlreiche Gebäude und fordert etwa 50 Todesopfer. Am 16. April gerät dabei das barocke Rathaus in Brand. Die US-Armee besetzt die Stadt und den Fliegerhorst, der als Dolan Barracks bis 1993 vorwiegend zur Stationierung von Hubschraubereinheiten genutzt wird. **1949** Für Flüchtlinge und Vertriebene aus dem Osten wird die Heimbachsiedlung gebaut, dadurch steigt die Bevölkerungszahl von Hall erheblich. **1956** 800-Jahr-Feier der Stadt aufgrund der Weiheurkunde für St. Michael von 1156. Die 1944 aus Berlin nach Hall evakuierte Bausparkasse errichtet ein neues Verwaltungsgebäude und entwickelt sich zum größten Arbeitgeber. **1960** Mit über 20000 Einwohnern wird Schwäbisch Hall Große Kreisstadt. **1965** Königin Elisabeth II. von England und Prinz Philip

kommen zu Besuch. Gründung des Goethe-Instituts in Schwäbisch Hall. **1972–1975** Durch Eingemeindungen bei der Gebietsreform wächst die Fläche der Stadt von 2739 auf 10424 ha an. Ein Teil der Innenstadt wird ab 1975 Fußgängerzone. **1982** Für die 3. Landesgartenschau wird der Stadtpark am Kocher umgestaltet, der Fluss erhält seine natürliche Uferbegrenzung zurück. **1985** Ehemalige jüdische Bürgerinnen und Bürger besuchen auf Einladung der Stadt ihre einstige Heimat, weitere Besuche folgen 1992 und 2000. **1993** Die US-Armee räumt ihren Luftwaffenstützpunkt Camp Dolan in Hessental. Die weitreichende Veränderung des Militärgeländes (Abrisse, Entmunitionierung, neue Straßenverläufe) ermöglicht im Solpark nunmehr den Bau von Wohnungen und eine vielfältige Gewerbeansiedlung.

2000 Die Freilichtspiele feiern ihr 75-jähriges Bestehen. Das Globe Theater wird als zusätzliche Spielstätte eröffnet. Die Hochschule für Gestaltung siedelt sich in Hall an. **2001** Eröffnung der KZ-Gedenkstätte Hessental. In der Katharinenvorstadt wird die vom dänischen Architekten *Henning Larsen* erbaute Kunsthalle Würth eingeweiht. **2004** Einweihung der Mevlana-Moschee. **2006** 850-Jahr-Feier der Stadt. Höhepunkt dieses Jubiläums sind ein dreitägiges Stadtfest und das Glockenfest. Eine neue Glocke für St. Michael wird auf dem Marktplatz gegossen, das ergänzte Geläut nach erfolgter Renovierung des Glockenstuhls wieder im Turm aufgehängt. **2007** 500-jähriges Bestehen der Großen Treppe vor St. Michael. Fertigstellung der Ostumfahrung von Schwäbisch Hall. **2008 – 2009** Als Außenstelle der Hochschule Heilbronn nimmt der Campus Schwäbisch Hall seine Arbeit mit den Schwerpunkten Marketing und Vertrieb auf. Nach grundlegender Renovierung der Johanniterkirche wird die Dauerausstellung *Alte Meister in der Sammlung Würth* eröffnet. **2011** Das Kocherquartier auf dem Gelände der ehemaligen Justizvollzugsanstalt wird eingeweiht, zugleich wird der neue Zentrale Omnibusbahnhof ZOB eröffnet. Eine Freitreppe verbindet das Quartier mit der Gelbinger Gasse. Der aufwändig sanierte denkmalgeschützte Hauptbau der Vollzugsanstalt beherbergt als Haus der Bildung u. a. Musikschule, Stadtorchester und Volkshochschule. Die Westumgehung zur Entlastung der Innenstadt durch den Fernverkehr wird nach jahrelangen kommunalpolitischen Auseinandersetzungen dem Verkehr übergeben. Die Schwäbisch Hall Unicorns gewinnen den *German Bowl* und sind damit zum ersten Mal Deutscher Meister im American Football. **2012** Der Kunstsammler und Mäzen Reinhold Würth erwirbt die kostbare Schutzmantelmadonna von Hans Holbein d. J.; das Gemälde wird dauerhaft in der Johanniterkirche ausgestellt. **2013** Die Haller Kirche St. Michael wird EU-Kulturerbe. **2014** Die Stadt verleiht dem Politiker und SPD-Vordenker Erhard Eppler und dem Unternehmer Reinhold Würth das Ehrenbürgerrecht. **2016** Das 2000 errichtete hölzerne Globe wird wegen technischer Mängel abgerissen. Begleitet von heftigen Diskussionen beschließt der Stadtrat den Bau eines ganzjährig bespielbaren „Neuen Globes" an gleicher Stelle. **2017** Beginn der Vorarbeiten

für den Weilertunnel. Geplant bereits in den 1960er Jahren soll er den Durchgangsverkehr der B14/B19 unter die Erde bringen und den westlichen Stadtteil durch städtebauliche Maßnahmen lebenswerter machen. Bei der Erschließung des Baugebiets Wolfsbühl werden zahlreiche rund 6700 Jahre alte Funde aus der Rössenerkultur ausgegraben. Außer einem Hockergrab mit Urne und rund 500 Einzelfunden wird der Grundriss eines großen Langhauses entdeckt. **2018** Der Haller Gerd Nefzer, Spezialist für real inszenierte Effekte in Krimiserien und Kinofilmen, erhält in Hollywood den Oskar für die besten visuellen Effekte im Film *Blade Runner 2049*.

STÄDTEPARTNERSCHAFTEN VON SCHWÄBISCH HALL

EPINAL (Frankreich) seit 1964, ca. 48 000 EW, Hauptstadt des Département Vosges, liegt am Südwestrand der Vogesen an der Oberen Mosel. Messestadt, Zweigstelle der Universität Nancy.

LOUGHBOROUGH (Großbritannien) seit 1966, ca. 46 000 EW, in den East-Midlands, Zentrum traditioneller Textil-, Schwer- und Pharmaindustrie, Universität.

LAPPEENRANTA (Finnland) seit 1985, ca. 58 000 EW, Grenzstadt in Südkarelien zwischen dem Südufer des Saimaaseengebietes und Russland, Universität.

NEUSTRELITZ (Mecklenburg-Vorpommern) seit 1988, ca. 24 000 EW, in der Neustrelitzer Seenplatte, ehemalige Residenzstadt der Herzöge von Mecklenburg-Strelitz.

ZAMOSC (Polen) seit 1989, ca. 70 000 EW, Renaissancestadt („Padua des Ostens"), UNESCO-Welterbe, Geburtsort von Rosa Luxemburg, liegt in Südostpolen unweit des Rostocze-Nationalparks.

KARFSI (*Balikesir*, Türkei) seit 2006, ca. 170 000 EW, zwischen Marmaameer und Ägäis, Zentrum landwirtschaftlich geprägter Region.

Mitten ins Herz

Marktplatz, Kirche St. Michael und die historische Altstadt

Der imposante romanische Turm der Kirche St. Michael überragt deutlich die Giebel der Altstadt, aus welcher Richtung man auch kommt. Zu seinen Füßen erstreckt sich der Marktplatz, der sich für eine erste intensive Betrachtung der Stadt und ihrer reichen Geschichte empfiehlt. Hier befinden sich auch die Tourist Information mit dem Kartenverkauf für die Freilichtspiele.

53 Stufen zwischen Himmel und Welt – die Freitreppe

Kirche und Freitreppe waren nicht immer so offen und harmonisch mit dem darunter liegenden Marktplatz, dem Sinnbild bürgerlichen Lebens, verbunden. Ehe die „Fürstin unter den Freitreppen" 1507 vom Baumeister Konrad Schaller errichtet wurde, war **St. Michael** von einer

hohen Stützmauer umgeben, von ihr führte eine schmale Treppe hinunter auf den damals wesentlich kleineren Platz. Zwischen Kirche und Mauer lagen der Kirchhof, die Kapelle der Familie Veldner und die Totenkapelle St. Anna. Eine Gerichtslinde war Schauplatz der öffentlichen Rechtsprechung im Mittelalter, von ihr waren es wenige Stufen hinab an den Pranger, an dem kleinere Strafen abgebüßt wurden. Durch umfangreiche Aufschüttungsarbeiten wurde das Gefälle verringert und 1507 eine *Margtstaffel* in Form einer *rottunde* mit 42 Stufen angelegt. 1676/77 war die Treppe erneuerungsbedürftig und erhielt nun 53 Stufen. So war nicht nur eine breite, halbkreisförmige Verbindung von „Kirche und Welt" entstanden, sondern auch jene unnachahmliche Kulisse, die seit 1925 als Freilichtbühne der Haller Festspiele und das ganze Jahr über auch als Schauplatz zahlreicher kultureller Veranstaltungen dient.

TOURIST INFORMATION

Hafenmarkt 3, 74523 Schwäbisch Hall, Telefon 0791/751-246

Mai – September Mo – Fr 9 – 18 Uhr, Sa und So 10 – 15 Uhr

Oktober – April   Mo – Fr 9 – 17 Uhr, Sa 10 – 15 Uhr

Stadtführungen, Führungen durch St. Michael, Comburg-Führung, Nachtwächterrundgang, Themenführungen (z. B. Eine Siedersmagd plaudert aus dem Nähkästchen), Arrangements, Kartenvorverkauf, Stadtinformationen, Hotelvermittlung, Souvernirs.

St. Michael – seit über 850 Jahren Wahrzeichen der Stadt

EIN RUNDGANG UM DIE KIRCHE

Das unterste Geschoss des romanischen Turms mit seiner reichen Ornamentik ist als Vorhalle ausgebildet, die sich nach drei Seiten öffnet. Ihr Kreuzgewölbe endet in einer Vierpass-Säule, deren Kapitell mit

prächtigen antiken und germanischen Ornamenten verziert ist. Auf einer schmalen Konsole wacht seit 1290 die überlebensgroße, farbig gefasste Sandsteinfigur des **Erzengels Michael**. Er versinnbildlicht den Sieg des Guten über das Böse in Form eines Drachens, dem er die Lanze in den Rachen stößt. 1944 wurde bei der Restaurierung die ursprüngliche Vergoldung der Flügel aus Holz entdeckt, die später durch zusätzliche unbemalte Federn aus Holz ergänzt wurden.

St. Michael war als Kirchenheiliger gleichzeitig der Schutzpatron der Stadt. Dies zeigt sich auch darin, dass er innen und außen an der Kirche

PAUL SWIRIDOFF

Paul Swiridoff und die Treppe, das war Liebe auf den ersten Blick. 1914 im Kaukasus geboren, erlebte er in seiner Kindheit Hunger und Not. 1923 verließ er die Sowjetunion, kam 1929 illegal nach Deutschland und brachte sich mit Gelegenheitsarbeiten durch. Erst 1938 erhielt der „staatenlose Russe" eine Arbeits- und Aufenthaltserlaubnis. In Berlin studierte er Kunstgeschichte, wurde 1940 Laborleiter eines Fotohauses in Ludwigsburg, 1945 eröffnete er ein Fotoatelier mit angegliederter Kunstgalerie. 1950 kam er nach Schwäbisch Hall und betrieb dort bis 1980 ein Fotostudio. Hier fand er neben seiner beruflichen Zukunft seine eigentliche Heimat. *Plötzlich stand ich vor der Michaelskirche auf dem Marktplatz mit der einmaligen Freitreppe – ich war von dem Anblick so gerührt, ich habe geheult. Es war, als wäre ich endlich daheim angekommen.* Der erste Bildband über Schwäbisch Hall, auf dem Titel eines seiner unübertroffenen Schwarz-Weiß-Fotos der Treppe, wurde vom Börsenverein des deutschen Buchhandels als *eines der schönsten Bücher des Jahres 1955* ausgezeichnet. Weitere Fotobände über Hall folgten, aber auch zahlreiche andere Städteporträts, ebenso wie der Bildband *Lambarene*. In beeindruckenden Schwarz-Weiß-Aufnahmen porträtierte Paul Swiridoff in den 1960er Jahren zahlreiche prominente Persönlichkeiten aus Politik, Wirtschaft, Wissenschaft und Kunst. Seine Stärke war, sich ganz auf den Menschen gegenüber einzulassen, ihn nicht „abzubilden", sondern in den Gesichtern zu lesen, um den richtigen Augenblick festzuhalten. Paul Swiridoff starb 2002.

vierzehn Mal und zusätzlich als Brunnenfigur am Marktbrunnen zu finden ist. In dem mit verschlungenen Ornamenten versehenen Bogenfeld des Westportals ist ein gleicharmiges Kreuz zu sehen, an ihm findet sich der Name „BERThold" eingemei-
ßelt, wobei es unklar ist, ob es sich um eine Signatur des Baumeisters handelt. Zwei eiserne Längenmaße, Elle und Doppelfuß, an der Innenseite dieses Portals dienten im Angesicht des Schutzheiligen als verbindliches Maß bei Streitigkeiten „unten" auf dem Markt, über die **144 Wetzscharten** am Sockel der Vorhalle gibt es unterschiedliche Vermutungen. Weit verbreitet war damals der Glaube an die heilende Wirksamkeit von ausgekratztem Steinmehl sakraler Bauwerke, das man Arzneien beimengte oder in einem Säckchen auf kranke Gliedmaßen legte, auch das Richtschwert und die Waffen der Bürger könnten hier symbolisch geschärft und durch die Bedeutung des Ortes geweiht worden sein.

Zahlreiche **Grabplatten** von Stättmeistern und Stadtadeligen vom ehemaligen Kirchhof waren vor allem an der Süd- und Nordfassade der Kirche angebracht worden. Ein Teil davon wurde zum Schutz vor Verwitterung im Zuge der umfangreichen Restaurierungsmaßnahmen in das Kircheninnere verlagert. An der Südostseite des zweigeschossigen Chors befindet sich weit oben an einem Strebepfeiler die reich gestaltete spätgotische Plastik **Michael, der Seelenwäger** des Haller Bildhauers *Hans Beuscher* aus der Zeit um 1515/20. Die 1891 neu gemalte große **Turmuhr** an der Westseite weist nur einen Stundenzeiger sowie eine kleine Uhr mit den Mondphasen auf, drei Sonnenuhren an der Südseite des Turms sowie an den südlichen Pfeilern von Langhaus und

Chor sorgten in der Vergangenheit für das richtige Zeitgefühl.

1506 stiftete die Stadtadelsfamilie Senft den **Ölberg** an der Nordfassade mit seinen überlebensgroßen, bemalten Figuren. Das 1684 angebrachte Gitter sorgte für die weitgehende Erhaltung der Darstellung von

Jesus mit den Aposteln Johannes, Petrus und Jakobus. Judas allerdings wurde bereits 1684 und nach seiner Wiederherstellung 1959 erneut gestohlen; seit 1999 gilt er wiederum als vermisst.

IM INNEREN VON ST. MICHAEL

Der erste Blick zeigt eine Hallenkirche, wie sie für die Zeit der späten Gotik üblich ist. Die drei Schiffe des Langhauses sind gleich hoch, die Seitenschiffe so breit wie das Mittelschiff, getrennt durch die schlanken, zum Teil noch mit biblischen Szenen (15./16. Jahrhundert) bemalten Rundpfeiler. Obwohl der Chor, fast sechs Meter höher als das Langhaus, erst später gebaut wurde, wirkt der Kirchenraum wie aus einem Guss, sieht man von den nachträglich eingezogenen Emporen einmal ab. Zum Chor hin, der durch einen Übergang von zwei mal vier Stufen erreicht wird, verdichten sich die mit Blatt- und Rankenornamenten umrahmten, reich strukturierten Netzgewölbe. Der Raumeindruck wird lichter, nicht zuletzt durch schmale, hohe Fenster, das filigrane

Sakramentshäuschen und das über dem Altar schwebende eindrucksvolle Kruzifix.

Die Bilder sind Gottes wort nit allein ohnhinderlich, sondern demselben gemäß und seiner Gestalt fürderlich, ihre Abschaffung verstoße gegen die *Christenliche Freiheit*. Mit diesen Worten verhinderte Johannes Brenz einen möglichen Bildersturm zur Reformationszeit, dem andernorts zahlreiche sakrale Kunstschätze zum Opfer fielen. Tatsächlich erstaunt die so reiche und vielseitige Ausstattung an Kunstwerken, wie sie in den meisten evangelischen Kirchen eher unüblich ist.

Im Zentrum der Kirche steht auf einem Podest der **Hochaltar**. Um 1460 entstanden, ist er mit seinen fast 50 Schnitzfiguren aus Nussbaumholz im Mittelschrein, die in sieben Szenen die Passion Christi darstellen, ein kompositorisches, wahrscheinlich in den Niederlanden gefertigtes Meisterwerk. Die Tafelbilder auf den Flügelinnenseiten setzen das Thema Passion fort. So ist linksseitig das Ecce Homo und die Handwaschung des Pilatus, rechtsseitig die Auferstehung und die Höllenfahrt Christi – eigentlich die Befreiung von Adam und Eva sowie der Gerechten des Alten Bundes aus der Vorhölle – zu sehen.

Auf den kleinen Oberflügeln sind als Frauengestalten links die Ecclesia, die Verkörperung der christlichen Kirche, und rechts die Synagoga, die Verkörperung des Judentums, mit einer Binde vor den Augen als Zeichen ihrer „Verblendung" dargestellt, auf ihrer Rückseite die vier Kirchenväter Ambrosius, Augustinus, Hieronymus und Gregor. Im Mittelpunkt der Predella steht Christus mit dem Abendmahlskelch, links begleitet von den Heiligen Michael, Johannes dem Täufer, Martin und Petrus, rechts von den Symbolen der vier Evangelisten: Adler

(Johannes), Löwe (Markus), Stier (Lukas) und Engel (Matthäus). In ungewohnten Grautönen zeigt die Schreinrückseite in einem nachreformatorischen Gemälde von 1587 die Aufrichtung der ehernen Schlange durch Moses. Hoch über dem Altar hängt der bedeutendste Schatz der Kirche, das überlebensgroße **Kruzifix** des Ulmer Bildhauers *Michael Erhard*; sein Name und die Jahreszahl 1494 sind auf dem Saum des Lendentuchs in goldenen Lettern zu lesen. Es ist das einzige „signierte" Werk des Künstlers. Am Kruzifix selbst sind die Kreuzesworte Jesu nicht abgekürzt als I.N.R.I., sondern hebräisch, griechisch und lateinisch ausgeschrieben. Altarkreuz, Kerzenleuchter und Lesepult sind Werke des aus Hall stammenden Künstlers *Ulrich Henn* aus den Jahren 1969/1995.

Links vom Hochaltar strebt an einer Säule das etwa 5 m hohe, pyramidenförmige **Sakramentshäuschen** von 1515 in die Höhe. Die feingliedrige Steinmetzarbeit symbolisiert den Aufbau der Kirche; beson-

KIRCHE ST. MICHAEL, BAUGESCHICHTE

Seit alters her wurde St. Michael auf erhöhten Plätzen verehrt. Deshalb wurde auch die ursprünglich romanische Basilika 1156 an der höchsten Stelle über dem Marktplatz geweiht. Zwischen 1427 und 1456 erfolgte der Umbau der Kirche. Bis auf Turm und Chor wurde die Basilika niedergerissen und das gotische Langhaus dazwischen eingepasst. 1495 (Inschrift an der Südwestecke der Sakristei) war die Grundsteinlegung zu einem Chor im Stil der Spätgotik, der 1527 zeitgleich mit der Sakristei vollendet wurde. Dazu mussten die Totenkapelle St. Anna und das Beinhaus abgerissen werden. Obwohl das Erscheinungsbild von St. Michael vom Marktplatz aus eine imponierende Geschlossenheit zeigt, verrät die Seitenansicht durch die baulichen Veränderungen ein gewisses Ungleichgewicht der Proportionen. So ist das Langhaus mit knapp 32 m Länge, 26 m Breite und 13,5 m Höhe relativ niedrig und gedrungen, der Chor überragt es um 7,5 m und ist mit 33 m nur wenig länger als das Schiff. Auch der Turm mit den vier erhaltenen romanischen Stockwerken und den zwei 1573 aufgesetzten Turmgeschossen wirkt mit 46,5 m Höhe im Gesamtverhältnis zu niedrig. Die ausgekragten Steine beiderseits des Turms zeigen jedoch, dass ursprünglich ein mächtigerer Kirchturm geplant war. Wohl aus statischen Gründen beließ man es bei den zwei achteckigen Geschossen, die 1718 mit Kupferdach, Laterne und Umgang versehen wurden.

In den letzten Jahren musste das Bauwerk einer aufwändigen Restaurierung unterzogen werden. Schäden am Sandstein der Außenfassade, an den Glasgemälden im Chor, am mächtigen Dachstuhl und dem Ziegeldach wurden beseitigt. Der Glockenstuhl wurde ersetzt, das zum Teil aus dem 13. Jahrhundert stammende Geläute saniert und durch fünf zusätzliche Glocken erweitert. Die Segensglocke wurde beim Glockenfest im Rahmen des Stadtjubiläums auf dem Marktplatz gegossen. Auch die rund 140 Kunstwerke der Michaelskirche wurden in einer eigens im Kircheninneren eingerichteten Werkstatt restauriert und konserviert, um sie vor dem drohenden Verfall zu retten.

ders beeindrucken in der untersten Reihe vier bemalte Gestalten des Alten Testaments: der Prophet Jesaja, die Könige Salomo und David

und Jesus Sirach. Hinter dem schmiedeeisernen Türchen war früher die geweihte Hostie ausgestellt. Der **Taufstein** von 1405 stammt aus der im 19. Jahrhundert profanierten Johanniterkirche. Von der **Kanzel** (um 1490) mit dem noch originalen Treppengeländer aus kunstvoll gefertigtem Fischblasenmaßwerk hielt Johannes Brenz seine Predigten, in denen er sich kritisch mit der katholischen Lehre auseinandersetzte.

Das mit Schnitzereien und Einlegearbeiten geschmückte **Chorgestühl** aus der Zeit um 1534 war dem „Inneren Rat" der Stadt und den Geistlichen vorbehalten.

Im **Chor** laufen die Seitenschiffe zu einem Umgang zusammen, der durch die Pfeiler in zehn Kapellen gegliedert ist. Neben Altären und religiösen Zeugnissen aller Art ist auch eine Reihe merkwürdiger Re-

likte der Geschichte bereits früher wie in einem Museum ausgestellt worden. Der Rundgang beginnt auf der Nordseite, somit links vom Altar, wobei hier nur einige der wichtigsten Werke erwähnt werden können.

Nicht nur im Schiff, an Wänden und Pfeilern, vor allem im **Chorumgang** spielen neben Altären, Gemälden und Stiftertafeln zahlreiche Totenmonumente der bürgerlichen Oberschicht eine bedeutende Rolle. Künstlerisch wertvolle Grabsteine vom ehemaligen Michaelskirchhof wurden in die Kirche verbracht und somit vor der zunehmenden Verwitterung geschützt. Spätere Epitaphien waren meist symbolreich gestaltete, grabmalartige Aufbauten für Geistliche, Ratsherren und Stättmeister, die damit ihrem Bestreben nach Repräsentation Ausdruck verliehen. Besonders erwähnenswert ist zum Beispiel das dem 1778 verstorbenen Stättmeister Johann Friedrich Bonhoetter d. J. errichtete klassizistische Epitaph aus Marmor, an dem der Bildhauer

Johann Heinrich Dannecker beteiligt war. Die bemalten hölzernen Epitaphien an den Wänden sind detailreiche, oft durch Inschriften ergänzte Abbilder der Geschichte vornehmer Haller Familien. Das Alabasterepitaph des 1615 verstorbenen Stättmeisters Johann Hamberger und seiner Gattin in der **3. Kapelle** ist ein Werk von *Michael Kern* aus Forchtenberg. Der Künzelsauer Bildhauer *Johann Andreas Sommer* schuf 1773 das Prunkgrabmal des Stättmeisters Johann Friedrich Bonhoeffer d. Ä. († 1770) wie auch das zwischen der 4. und 5. Kapelle anschließende Denkmal für Johann Lorenz Sanwald (vollendet 1774), das der Stättmeister († 1778) noch zu seinen Lebzeiten errichten ließ.

Die **4. Kapelle** enthält das Grab und eine hölzerne Gedenktafel für den armlosen Kunstschreiber *Thomas Schweicker*. Die mit Ornamenten kunstvoll verzierte Gedenkschrift wurde von ihm selbst 1592 mit den Füßen geschrieben, später um seinen Todestag am 7. Oktober 1602 er-

gänzt und zu einem Flügelepitaph umgestaltet. Bemerkenswert ist auch das Denkmal für Christof David Stellwag († 1721), in das ein Alabasterrelief von *Leonhard Kern* integriert ist, das einzige Werk des großen, in Hall ansässigen Künstlers in St. Michael.

Von 1521 stammt der Bonifatiusaltar in der **5. Kapelle**; historisch bedeutend ist dort auch die Wappentafel für die Stifter des Reichen Almosens aus dem 17. Jahrhundert. Mit deren Geld war es Brauch, den Armen der Stadt sonntags nach dem Gottesdienst Brot, Fleisch oder Fisch, Mehl, Salz und andere Nahrungsmittel zu reichen. Diese Einrichtung, 1494 gegründet, bestand bis 1804 und wurde dann der Stiftung des Hospitals zum Heiligen Geist zugeschlagen.

Der Sippen- oder Annenaltar von 1509 in der **7. Kapelle**, vermutlich aus der Werkstatt des Haller Bildhauers *Hans Beuscher*, zeigt die Angehörigen der Heiligen Sippe. Das ungewöhnlichste Exponat dort ist der in Gold gefasste Mammutzahn, der von der Decke hängt. Er wurde 1605

THOMAS SCHWEICKER

1540 ohne Arme zur Welt gekommen, erhielt Thomas Schweicker eine gute Schulausbildung und lernte, alltägliche Verrichtungen selbständig durchzuführen und mit den Zehen seines rechten Fußes einen Federkiel zu halten und zu schreiben. Als Kalligraph (Kunstschreiber) brachte er es zu Geld und Berühmtheit. Kaiser Maximilian II. ließ sich seine Kunst 1570 in Hall vorführen und holte den *Wundermann von Hall* 1584 für einige Jahre nach Heidelberg. Nach seinem Tod 1602 bewilligte ihm die Stadt ein Ehrengrab in St. Michael.

nach einem Hochwasser bei Hohenstadt im Bühlertal gefunden, als vermeintliches Horn des legendären Einhorns in der Kirche angebracht und in einer Dissertation von 1734 als „Weltwunder" bezeichnet.

Vor der 8. Kapelle öffnet sich der Blick in das 1963 beim Einbau einer Heizung entdeckte **Beinhaus**. Es ist der Überrest der mittelalterlichen Totenkapelle St. Anna (Karner), die 1495 abgerissen werden musste, um Platz für den Bau des gotischen Chors zu machen. Die aufgestapelten Knochen und Totenschädel sind jedoch nur ein Teil der Überreste von etwa 3000 Menschen.

1954 wurde der bereits 1336 gestiftete, aus Lindenholz gefertigte Zwölfboten- oder Apostelaltar in der **8. Kapelle** von seiner barocken Bemalung befreit. Unklar ist zwar seine künstlerische Herkunft, er verrät jedoch den Einfluss von Tilmann Riemenschneider wie auch den der Werkstatt von Hans Beuscher. In sechs Szenen wird das Wirken der Apostel dargestellt. Rechts vom Altar hängt das älteste Holzepitaph, das dem Gerber und Ratsherren Leonhard Romig (1504 – 1589) gewidmet ist. 171 Kinder und Kindeskinder repräsentieren die ungewöhnlich große Nachkommenschaft, die er mit nur zwei seiner fünf Frauen begründete. Ein Gedenkkasten mit Garben, Broten und Preisen erinnert an das Hungerjahr 1816/17.

Der um 1509 gefertigte Wolfgangsaltar in der **9. Kapelle** zeigt im Mittelschrein die Heiligen Kosmas, Wolfgang und Damian, in den Flügeln sind je zwei Szenen aus der Wolfgangslegende dargestellt.

Kirchengeschichtlich von besonderer Bedeutung ist der 1373 von einem Haller Bürger gestiftete, 1520 neu geweihte und mit einem Renaissancegehäuse ergänzte Dreikönigsaltar in der **10. Kapelle**. An Weihnachten 1526 teilte Johannes Brenz hier zum ersten Mal das Abendmahl in beiderlei Gestalt (Brot und Wein) aus. Dabei benutzte er wohl den vergoldeten Abendmahlskelch von 1516 mit der Darstellung der Heili-

gen Drei Könige, der noch heute im Besitz der Kirchengemeinde ist. Die bunten Glasfenster aus dem frühen 15. Jahrhundert über dem Dreikönigsaltar zeigen neben biblischen Szenen und Heiligenbildern auch Abbildungen der Stifterfamilien Schletz und Senft.

Am Ende des Chorumgangs öffnet sich die **Sakristei**, nun Raum der Stille, die eigentliche **Michaelskapelle** mit gotischem Netzgewölbe, dessen Schlussstein den Heiligen als Seelenwäger zeigt. In den mit wertvollen Intarsien und kunstvollen Beschlägen versehenen Eichenschränken waren vor der Reformation Bücher, Schriften und Messgewänder untergebracht. Der um 1520 gefertigte farbenprächtige Michaelsaltar, vermutlich ein Werk von *Hans Beuscher*, stand ursprünglich in der mittleren Chorkapelle. Der Namenspatron der Kirche erscheint hier als Ritter mit goldener Rüstung und Purpurmantel, das Flammenschwert hoch erhoben über dem erschlagenen Drachen, dem besiegten Satan. Der linke Flügel zeigt die Darstellung der Barmherzigkeit sowie den reichen Mann und Lazarus, der Flügel rechts das Weltgericht und die Hölle. Auf einem Podest über dem Schrein steht Christus als Schmerzensmann mit blutenden Wunden. Die Abendmahlsszene auf der Predella stammt aus der 1812 abgebrochenen Marienkirche am Schuppach, wurde aber erst 1957 in den Altar eingefügt.

Neben weiteren Epitaphien auf der Südseite des Schiffes öffnet sich in einer Nische das **Heilige Grab**. Die vollplastischen Figuren des Joseph von Arimathia und seines Gehilfen Nikodemus, die den Leichnam Jesu in einen Steinsarg betten, sowie die etwas kleineren Halbfiguren von Johannes und den drei Marien, die den Leichnam beweinen, wurden

1456 geschaffen. Die Reliefs der Flügelinnenseiten mit Kreuzigungs-
gruppe und Kreuzabnahme Jesu wurden 1510 gefertigt, die Gemälde
der Außenseiten erst 1702. Das Stein-
relief mit den schlafenden Grab-
wächtern, um 1520 entstanden, kam
erst 1866 aus dem heutigen Vorort
Tüngental an seinen Platz.

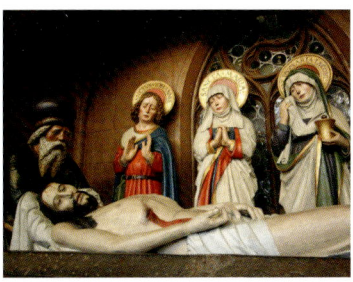

Die neugotische **Orgel** von 1837 aus
der Werkstatt des Ludwigsburger Or-
gelbauers *Friedrich Walcker*, 1980 und
2003 umgebaut und erweitert, besitzt
nun 64 Register und ist mit 4769 Pfeifen eine der bedeutendsten Orgeln
in Württemberg.

Beim Eingang führt eine Treppe zur romanischen **Magdalenenkapelle**, die über der Turmvorhalle liegt und ursprünglich vom Inneren
der Kirche zugänglich war. Deutlich zu sehen ist dort ein Rundbogen,
der früher einen Blick in die romanische Basilika bot. Fresken verschiedener Entstehungszeiten sind teilweise noch erhalten. Dieser fälschli-
cherweise immer wieder „Kaiserempore" genannte Raum wurde 1351
in eine Magdalenenkapelle umgewandelt. Der dazu gestiftete Altar ging
verloren, während der gleichzeitig entstandene Freskenzyklus mit Szenen aus der Magdalenenlegende 1956–1959 wieder hergestellt wurde.

Der hölzerne **Glockenstuhl** von 2006 erstreckt sich über zwei Stockwerke, zehn Glocken aus den Jahren 1299 bis 2006 sind an ihm aufgehängt. Im achteckigen **Turmaufsatz** befand sich die Wohnung des
Turmwächters, dessen wichtigste Aufgabe es bis 1926 war, nach Bränden
Ausschau zu halten und mit seinem Signalhorn Alarm zu blasen. Von
dort hat man einen unverstellten Blick über die Stadt in alle Himmels-
richtungen; eine kleine Fotodokumentation gibt Auskunft über die Geschichte des Kirchturms von St. Michael.

Literaturtipp: St. Michael in Schwäbisch Hall, Swiridoff Verlag

KIRCHE ST. MICHAEL
Besichtigung (Eintritt frei)
1. März – 14. November Mo 12 – 17 Uhr, Di – So 10 – 17 Uhr
15. Nov. – 28. Februar Mo 12 – 14 Uhr, Di – So 11 – 15 Uhr
Während der Gottesdienste keine Besichtigung.

Führungen nach Voranmeldung:
Telefon 0791/751-386 oder 0791/94674-120

In der Kirche finden regelmäßig hochkarätige Konzerte statt:
www.musikanstmichael.de

DAS RATHAUS

Bis zum verheerenden Stadtbrand von 1728, bei dem in 15 Stunden nahezu zwei Drittel der Altstadt vernichtet wurden, stand an dieser Stelle die romanische St. Jakobskirche. Die *unter einem erbärmlichen Stein- und Aschenhauffen umb Hülffe und Rettung seufzende Stadt* schaffte es durch Sammeln von Spenden und Befreiung von Steuer-

abgaben nicht nur, bürgerliche Häuser rasch wieder zu erbauen, sondern mit *Eberhard Friedrich Heim* einen württembergischen Baumeister zu gewinnen, der das Rathaus repräsentativ im Stil des Spätbarock mit prunkvoll gegliederter und geschmückter Fassade über den Grundmauern der Jakobskirche errichtete.

Tatsächlich erinnert der Bau nicht nur äußerlich eher an ein städtisches Adelspalais, auch die Eingangshalle mit den Statuen der Gerechtigkeit und Weisheit, der Treppenaufgang mit Reliefs der vier Jahreszeiten, der Sitzungssaal, Heldensaal und Stätt-

meistersaal, heute das Arbeitszimmer des Oberbürgermeisters, wurden reich ausgestattet. So fertigte der Italiener *Livio Retti* 1737 22 Decken- und Wandgemälde, die zusammen mit anderen Ausstattungselementen Opfer des amerikanischen Bombenangriffs vom 16. April 1945 wurden. Lediglich die Außenmauern blieben stehen. Unter großen finanziellen Anstrengungen wurde das Rathaus bis 1955 wieder aufgebaut; die Statuen in der Vorhalle und ein Teil der Gemälde konnten an-

hand von alten Fotografien erneuert werden.

Im Untergeschoss des Rathauses befindet sich die 1575 gegründete **Ratsbibliothek**. Mit über 3500 historischen Büchern ab etwa 1500, vorwiegend juristischen Inhalts, aber auch zu zahlreichen anderen Themen, ist sie eine der wertvollsten historischen

Bibliotheken Baden-Württembergs in kommunalem Besitz. Sie kann nur im Rahmen von besonderen Führungen besichtigt werden. Vier die Weltteile symbolisierende Statuen, die ursprünglich auf dem Rathausdach standen, wurden 1972 aus Sicherheitsgründen abgebaut und ins Hällisch-Fränkische Museum gebracht.

RUND UM DEN MARKTPLATZ

Die beiden Häuser links des Rathauses bildeten mit der ehemaligen Jakobskirche ursprünglich Teile des Franziskanerklosters, das von 1236 bis 1524 existierte. 1527 wurde es zur Lateinschule umgebaut. Später wurden die geschwungenen Giebel geschaffen, die zusammen mit der kräftig roten Farbgebung dem Ensemble seinen besonderen Reiz geben. Haus Nr. 5, das **Widmannhaus**, erhielt im Jahr 1562 ein prächtiges Renaissanceportal, Nr. 4, das **Stellwaghaus**, wurde 1779 mit dem Allianzwappen der Familien Stellwag und Bonhoeffer versehen. Die Gebäudegruppe wird von städtischen Ämtern, vor allem durch das Stadtarchiv, genutzt. In die Haus-

wand von Haus Nr. 5 entlang der zum Hafenmarkt führenden Treppe sind zwei Epitaphien von 1410 und 1419 eingelassen, eine Erinnerung an den einstigen Kreuzgang des Klosters, der gleichzeitig Begräbnisstätte des Stadtadels war.

Auf dem Marktplatz erinnert eine **Gedenktafel** in Form des Davidsterns an die Reichspogromnacht vom 9./10. November 1938. Hier wurden das Mobiliar und die Kultgegenstände des nahe gelegenen jüdischen Betsaals und die Bibliothek des Rabbiners Dr. Berlinger verbrannt. In unmittelbarer Nähe steht die Eisenplastik **Helm** von *Wolfgang Bier*.

Nicht weniger als sieben Gassen münden in den etwa 40 m breiten und 70 m langen Platz, der mittwochs und samstags dem **Wochenmarkt** dient und als autofreie Zone dem Betrachter die Möglichkeit gibt, das Zusammenspiel von Raum und Gebäude auf sich wirken zu lassen. Im Anschluss an die Obere Herrngasse, die neben der Löwenapotheke mit dem klassizistischen Vorbau auf den Platz führt, steigt die südliche

Marktwand mit ihren überwiegend fachwerkgeschmückten Häusern an. Der breite Giebel des **Clausnizerhauses** (Am Markt 2) wurde 1592 zwei Steinhäusern aus der Zeit um 1280 vorgesetzt, eines davon war im Mittelalter Wohnturm des Münzmeisters und verschiedener Stättmeister. Bis in die 1930-Jahre war das Haus verputzt, erst dann wurde das Fachwerk freigelegt. In der Bruchsteinwand zur Oberen Herrngasse hin findet man noch gotische Fensteröffnungen. Der ebenfalls dort hängende Rest einer eisernen Kette stammt wohl erst aus dem 19./20. Jahrhundert, sie könnte möglicherweise an das „Gottesgericht" auf dem Marktplatz erinnern, einen Kampf auf Leben und Tod, der nach Genehmigung des Haller Rats von zwei miteinander im Streit liegenden „Adeligen" dort ausgetragen wurde. Frauen und Knaben unter 14 Jahren waren nicht zugelassen, deshalb wurde der Marktplatz damals mit einer Kette abgesperrt. Gesichert ist dieser Zusammenhang jedoch nicht.

Die nun folgende ansteigende **Klosterstraße** („Klosterbuckel") war bevorzugte Wohnlage des Stadtadels und reicher Haller Familien, worauf unter anderem mehrere Wappen über den Hauseingängen hindeuten. Hinter den Häuserfassaden verbergen sich zum Teil große Eingangshallen, gestützt von mächtigen Pfeilern („Haller Bock"), und tiefe, zum Teil zweistöckige Gewölbekeller. Dies gilt besonders für das **Löchnerhaus** (Nr 8), das während des Nationalsozialismus als „Judenhaus" bezeichnet wurde, war es doch seit Mitte des 19. Jahrhunderts in jüdischem Besitz, auch wur-

den die letzten aus ihren Wohnungen vertriebenen Juden Halls hier vorübergehend untergebracht, bevor sie deportiert wurden. In der Reichspogromnacht wurden dort Laden und Wohnung des Lederhändlers Meier Pfeiffer verwüstet. 2005 verlegte der Kölner Künstler

Gunter Demnig vor dem Hauseingang – wie auch andernorts in der Stadt – drei Stolpersteine aus Messing in das Straßenpflaster. Sie erinnern an die verschleppten und ermordeten jüdischen Bürger des Hauses Nr. 8.

Die 1517 aus Holland eingewanderte Familie Bonhoeffer wohnte unter anderem im Haus Nr. 7 mit dem wappengeschmückten Portal und einem bemerkenswerten Deckengemälde des Haller Malers *Georg Michael Roscher.*

Sie stellte neben Handwerkern, Ratsherren und Stättmeistern auch eine Reihe von Theologen wie Georg Philipp Bonhoeffer (1614–1676), Prediger und Dekan, dessen Grabstein und Epitaph in St. Michael zu sehen ist. Er war ein direkter Vorfahre von Dietrich Bonhoeffer, der als Mitglied der Bekennenden Kirche von den Nationalsozialisten noch im April 1945 im KZ Flossenbürg ermordet wurde.

Ein Tor öffnet sich zum **Nonnenhof**, das im hinteren Teil 1514 errichtete Fachwerkgebäude war Sitz eines Konvents von Franziskanerinnen, im Volksmund auch „Beginen" bezeichnet. Diese religiöse Frauengenossenschaft widmete sich bis zur Reformation der Krankenpflege und anderer wohltätiger Arbeit. Haus Nr. 5 war seit 1323 als „Comburger Hof" der Pfleghof, das heißt Verwaltungssitz des nahe gelegenen Klosters Comburg.

Eine Treppe führt zum Vorplatz der Michaelskirche. Von dort bietet sich ein herrlicher Rundblick auf die „Kulisse" des Marktplatzes. Man kann erkennen, dass nicht nur das Rathaus, sondern auch die Häuser rechts davon bis zum Goldenen Adler, an dem die Seitenwand des Vorgängerbaus deutlich hervorspringt, erst nach dem Stadtbrand errichtet wurden. Das Gebäude Am Markt 7 war bis zu diesem Ereignis seit 1513 bürgerliche Ratstrinkstube, mit Nr. 8 setzt es heute die geschwungenen Giebel und den barocken Formenreichtum des Rathauses fort.

Waren es bisher Giebelhäuser in zahlreichen Variationen, so beherrschen nun Traufhäuser die nördliche Marktwand. Ausgehend von der früheren Engel-Apotheke kommt man zum **Sibilla-Egen-Haus**, einem

Gebäude mit prachtvollem Wappenportal, in dessen Vorgängerbau die Ratsbeschlüsse in der Adelstrinkstube bis ins 16. Jh. vorbereitet wurden.

An der Stützmauer zum **Stier'schen Haus** (Nr. 10) entspringt ein in seiner Art in Deutschland einzigartiger Wandbrunnen. Der vermutlich 1509 vom Kirchenbaumeister *Schaller* erbaute **Markt- oder Fischbrunnen**, der hübsche *brunn uff dem marckh*, zeigt Skulpturen von Simson, Michael und Georg im Kampf mit Dämonen, deren Mäuler als Wasserspeier dienen. Die Figuren allerdings sind Replikate, die von *Hans Beuscher* geschaffenen Originale sind

Die BÜSCHLERIN und ihr Vater

Schauplatz eines hällischen Dramas war das Büschlerhaus. Hier wohnte Hermann Büschler, der reichste Mann der Stadt, Kaufmann, Politiker und fünfmaliger Stättmeister (1470 – 1543). Er hatte 1510 eine bürgerliche Trinkstube gegen den Willen der Adelskollegen errichtet und nach jahrelangem Kampf erreicht, dass Kaiser Maximilian I. den Bürgern stärkeres politisches Mitwirkungsrecht im Rat einräumte. Hatte Büschler politisch gesiegt, verlor er privat auf der ganzen Linie. Nach dem Tod seiner Frau 1520 führte ihm die 1496/98 geborene Tochter Anna den Haushalt. Ihr unkonventionelles Auftreten war bald Stadtgespräch, sie kleidete sich *unziemlich* und benötigte für diesen Lebensstil viel Geld. Deshalb entwendete sie ihrem Vater Geld und Waren, um sich *Weibsgesind und Kleinodien* machen zu lassen. Empört über diese Diebstähle und die Entdeckung zweier gleichzeitig unterhaltener Liebschaften, jagte Büschler seine Tochter aus dem Haus und enterbte sie. Wenig später ließ er sie festnehmen und kettete sie ein halbes Jahr an einen Küchentisch. Dieses Skandals wegen verlor Büschler sein politisches Mandat, seine Tochter prozessierte jahrelang um ihr Erbteil. 1552 starb sie verbittert, ohne dass ihr Gerechtigkeit widerfahren war. *Literaturtipp:* Steven Ozment, Die Tochter des Bürgermeisters

heute im Museum zu sehen. Während das reich geschwungene Renaissancegitter von 1620 stammt, entstand das mit zahlreichen Wappen verzierte Becken erst 1787. Mit der Brunneneinrichtung wurde der **Pranger** in reich gegliederter gotischer Nadelform von der Kirchhofsmauer verlegt und am Ende der Brunnenwand auf einer Art Kanzel errichtet. Drei noch vorhandene Halseisen erinnern an die frühneuzeitliche Rechtsmethode, jemanden für leichtere Verbrechen „an den Pranger zu stellen". Es waren meist Ehrenstrafen, bei denen der Delinquent oft mit einem Schild um den Hals, auf dem zum Beispiel „Leutbetrüger", „Trunkenbold" oder „Stadt- und Landhur" zu lesen war, der Schande und Demütigung durch die Stadtbewohner ausgesetzt war.

Farbig gefasste Figuren, goldene Medaillons mit den Büsten der Kaiser Karl der Große, Karl V., Augustus und Konstantin der Große sowie drachenköpfige Wasserspeier zieren die prächtig geschmückte Rokokofassade von Haus Nr. 10, dem heutigen **Café am Markt**. Die staufischen Mauerreste an der rechten Dachseite verhinderten ein Übergreifen der Flammen auf den erkergeschmückten Fachwerkbau des **Goldenen Adlers**, Gasthaus seit dem 16. Jahrhundert und die historischen Gebäude des heutigen Hotels **Der Adelshof**. Dieser mächtige Gebäudekomplex besteht trotz weitgehend geschlossener Erscheinung aus Bauten verschiedener Jahrhunderte. Im Bereich des alten Königshofs entstand um 1250 der Sitz des Reichsschultheißen, der ca. 1300 um ein Steinhaus, das **Büschlerhaus**, ergänzt wurde. In ihm wohnte 1541 und 1546 Kaiser Karl V. bei seinen Besuchen der Stadt Hall. Weitere Um- und Anbauten in den 1970er Jahren ermöglichen heute eine umfangreiche Restaurant- und Hotelnutzung.

„Die ganze Welt ist eine Bühne"
FREILICHTSPIELE SCHWÄBISCH HALL

Salzburgs *Jedermann* und ein Abend in Hall, als der Mond vor St. Michael und der Treppe durch die Wolken brach, gaben wohl den Anstoß. **Robert Braun**, Schauspieler und Direktor des Kurtheaters, schaffte es gegen den Widerstand von Kirche und Stadtrat, 1925 Hugo von Hofmannsthals *Jedermann. Das Spiel vom Sterben des reichen Mannes* auf die Treppe zu bringen. Tausende von Zuschauern folgten stehend den

drei Aufführungen des 1911 entstandenen Stücks, das von Mitgliedern des Kurtheaters und Laiendarstellern gespielt wurde. „Auf einer Treppe? Da kann man doch nicht spielen" war damit glänzend widerlegt.

Auf Braun, der 1926 starb, folgten die Schauspielerin Else Rassow und **Wilhelm Speidel**, der noch kurz vor Kriegsausbruch Festspielleiter wurde. Die „Jedermann-Festspiele", deren Spielplan inzwischen der nationalsozialistischen Ideologie angepasst war, mussten nicht nur auf den *Jedermann*, das Stück eines halbjüdischen Dichters verzichten, sondern schließlich bis zum Ende des Kriegs eine Zwangspause einlegen.

1949 rief Speidel mit dem *Salzburger Großen Welttheater* die Festspiele wieder ins Leben. Auch der *Jedermann* wurde immer wieder Teil des Spielplans, bis heute. **Achim Plato**, Schauspieler und Assistent Speidels, übernahm 1968 nach dessen Tod die Intendanz. Mehr als drei Jahrzehnte prägte er auch als Regisseur die Festspiele, tief beeindruckt von der Besonderheit und Einmaligkeit der Spielstätte.

Diese **Große Treppe**, steil und hoch wie keine andere, ist eine besondere Herausforderung für alle am Theater Beteiligten. Auf ihr muss man mit schlafwandlerischer Sicherheit bei Dunkelheit, auch bei Regen, auf und ab spielen, rennen, tanzen, fechten, lieben und sterben – mit ihr muss jeder Schauspieler, jede Schauspielerin erst vertraut werden, Gefühle und Sicherheit entwickeln, eins werden mit dieser unvergleichlichen „Bühne" und „Kulisse" zugleich. Plato sah die Treppe nicht nur als Aufgang zur Kirche, für ihn führte sie genau so hinab auf den Marktplatz, mitten hinein in den Alltag der Menschen. Der Marktplatz wurde Bühne und Zuschauerraum zugleich. Behutsam erweiterte er das Repertoire über Schiller, Goethe und Hofmannsthal hinaus. Shakespeare, Brecht, Dürrenmatt, Zuckmayer und Frisch, aber auch die Rockoper Jesus Christ und Musicals wie Evita und Amadeus wurden inszeniert und begeisterten das Publikum. Platos Wunsch, die ganze Stadt in ein lebendiges Sommerfestival einzubinden, realisierte er mit zusätzlichen Spielorten wie Theaterkeller oder Kleiner Treppe, aber auch mit Ausstellungen, Lesungen und Konzerten auf dem Marktplatz.

Zum 75-jährigen Jubiläum wurde im Mai 2000 das dem Shakespear-schen Globe in London nachempfundene Rundheater auf dem Unter-wöhrd eröffnet. Inzwischen wurde es bautechnischer Mängel wegen abgebaut und durch das ganzjährig bespielbare „**Neue Globe**" ersetzt.

Christoph Biermeier, Intendant von 2003 – 2017, sah sich zwar als Erbe und Hüter einer langen Tradition, setzte die Große Treppe aber neben Stücken des klassischen Repertoires auch mit Produktionen aus Musik und Theaterszenen wie die *Comedian Harmonists*, die *Glenn Miller Story* oder *Summer of Love* in Szene. Das Haller Globe Theater war für ihn der ideale Spielort für niveauvolles „Volkstheater". Weitere Schwer-punkte waren die Kinder- und Jugendarbeit, das Jugendtheaterfestival, die Theaterspaziergänge und ein Winterprogramm in der Haalhalle.

2017 übernahm **Christian Doll** die Intendanz, die er mit der Urauffüh-rung *Brenz 1548* eröffnete. Er setzt auf weitere speziell für die Festspiele entwickelte Uraufführungen neben den Klassikern und Musikproduk-tionen. In unterschiedlichen Theaterformen will Doll die einzigartige Treppe bespielen und dabei nie den Kontakt zu den Zuschauern ver-lieren. Eine besondere Herausforderung sieht er im „Neuen Globe". Dieses Rundtheater, das nun Vorstellungen ganzjährig ermöglicht, soll mit unterschiedlichen Angeboten eine unverzichtbare Bühne für die Bürger und ein junges Publikum werden.

Ein lebendiges Stück Mittelalter

Holzmarkt, Zwinger, Neubau, Pfarrgasse und die Herrngassen

Gegenüber dem Adelshof in unmittelbarer Nähe von St. Michael steht auf den Resten der Stadtmauer das mächtige **Classgebäude**. Ursprünglich Sitz der Lateinschule, war es seit 1654 ein Gymnasium illustre, in dem Schüler für den Unterricht ein „Classgeld" zahlen mussten.

Von seiner Rückseite aus, am Chor von St. Michael vorbei, sieht man am Ende des Parkplatzes Holzmarkt das mächtige Crailsheimer Tor oder **Langenfelder Tor**. Zunächst führt jedoch eine kleine Gasse, der Rosenbühl, nach rechts zum gewaltigsten Profanbau der Stadt, dem Neubau. Im Rosenbühl Nr. 3 wohnte der Kunstschreiber *Thomas Schweicker* wohl die längste Zeit seines Lebens bei seinem Bruder David, der wie auch der Vater Bäcker war.

Links, am Ende der Häuser, die unmittelbar an die Stadtmauer grenzen, erhebt sich der Folterturm. In ihm (*in dem thurm uff dem Rosenbühl*), möglicherweise aber auch an anderer Stelle, zum Beispiel am Ort des

späteren Neubaus, wurden 1349 in einem Pogrom während der Pest zahlreiche Haller Juden verbrannt.

Das große „Büchsenhaus", seit nahezu 500 Jahren und noch immer **Neubau** genannt, dominiert mit seinem mächtigen steinernen Giebel zusammen mit St. Michael das Stadtbild. Ein farbiges Stadtwappen am Haupteingang trägt die Jahreszahl 1527, wobei die Bauzeit (1505–1533) einige Jahre durch Streitigkeiten zwischen Stadtadel und wohlhabenden Bürgern unterbrochen wurde. Das Erdgeschoss mit gewaltigen Eichenstützen diente als Zeughaus für die hällische Artillerie, die oberen Stockwerke waren als „Fruchtkasten" bis unters Dach zur Aufbewahrung von Getreide bestimmt. Bereits im 17. Jahrhundert wurde die heutige Nutzung als Festsaal für Konzerte, Theatergastspiele und andere Veranstaltungen

eingeleitet. So fand bereits 1604 eine Aufführung von Romeo und Julia mit englischen Schauspielern statt. 1652 wurde ein Theatersaal eingerichtet, schließlich erhielten Erdgeschoss und 1. Stockwerk 1979 ihr heutiges Erscheinungsbild und zusätzliche Nutzungsmöglichkeiten für Festlichkeiten und Kongresse. Der Grundriss des Gebäudes ist ohne erkennbare topografische Notwendigkeit ein verschobenes Rechteck, die schrägen Winkel erforderten die ganze Handwerkskunst der damaligen Maurer und Zimmerleute.

JOHANNES BRENZ

1499 in Weil der Stadt geboren, begegnet Johannes Brenz Luther 1518 an der Universität Heidelberg während einer Disputation über seine 95 Thesen. 1522 wird er als Prediger nach Hall berufen und bei der Verwirklichung der Reformation, die er schrittweise in der Stadt durchführt, vom Rat unterstützt. Er schafft nicht nur zahlreiche katholische „Missstände" ab, sondern organisiert ein allgemeines Schulwesen, in das sogar die Mädchen einbezogen werden. Die „Haller Kirchenordnung" von 1543 ersetzt die katholische Liturgie. Sein Rat ist vielerorts gefragt, zahlreiche Berufungen an andere Orte lehnt er jedoch ab, sein Gewissen halte ihn bei seiner Haller Kirche zurück. Eine für damalige Zeiten ungewöhnliche Toleranz unterscheidet ihn von Martin Luther. Er äußert sich skeptisch zur Hexenverfolgung, setzt sich für Strafmilderung und Begnadigung der aufständischen Bauern 1525 ein und lehnt auch die Hinrichtung der Wiedertäufer ab.

Katholische spanische Truppen Kaiser Karls V. besetzen nach dem Schmalkaldischen Krieg 1546 die Stadt, Johannes Brenz muss fliehen, kehrt aber wieder zurück.

1548 entgeht er nach Rückkehr des kaiserlichen Militärs nur knapp seiner Gefangennahme, muss jedoch Frau und Kinder in Hall zurücklassen. Jahrelang verfolgt und auf der Flucht, ernennt ihn Herzog Christoph von Württemberg 1553 zu seinem wichtigsten theologischen Ratgeber und zum Propst an der Stuttgarter Stiftskirche. Brenz schafft mit der „Großen Württembergischen Kirchenordnung" die Grundlage der Württembergischen Landeskirche. 1570 stirbt er und wird unter der Kanzel der Stiftskirche begraben.

Die Treppen rechts des Neubaus führen direkt hinunter zur Pfarrgasse. Geht man jedoch wieder zurück durch den Rosenbühl, trifft man am Langenfelder Tor auf eine gut erhaltene Partie der ehemals über 4 km langen mittelalterlichen **Stadtmauer**. Das Tor mit Stadt- und Reichswappen, die Stadtmauer mit Wehrgang, verstärkt durch ein weiteres, vorgesetztes, 7 m hohes Mauerstück, der dahinter aufragende Folterturm, der Pechnasenturm und schließlich der von einer modernen Glas-Stahl-Konstruktion überdachte Mantelturm sind ein beredtes Bild des stark befestigten „Zwingerbereichs", mit dem man sich gegen den nur wenige Meter entfernt sitzenden „Erzfeind", die Schenken von Limpurg, wappnen wollte. Durch den Mantelturm gelangt man am Stadtgraben entlang hinunter zur Schiedbrücke.

Rechts vom Mantelturm liegt das Kastengärtlein oder Schwalbennest vor der südwestlichen Giebelwand des Neubaus. Von hier aus hat man einen weiten Blick zur Comburg, zur Katharinenvorstadt mit der Kunsthalle Würth und dem Sudhaus sowie auf die Parkanlagen mit dem Rundbau des Globe Theaters. Über einige Treppen geht man nach rechts in die **Pfarrgasse**. Das lang gestreckte Gebäude an ihrem Ende war von 1522 bis 1548 Wohnhaus des Reformators Johannes Brenz; das stattliche, hoch aufragende Gebäude Nr. 12 von 1460, ein ehemaliges Präzeptoratshaus, wurde ebenfalls vorwiegend von Pfarrern bewohnt.

DIE BEIDEN HERRNGASSEN

Vom Stadtbrand von 1728 verschont geblieben, sind die beiden Herrn-
gassen auch heute noch fast ein Stück Mittelalter. Da der Platz zum
Bauen innerhalb der Stadtmauern begrenzt war, baute man zwei- oder
dreigeschossig in die Höhe, wobei die oberen Stockwerke vermutlich
aus statischen Gründen immer weiter in die Gasse „vorkragten". Der
Lichteinfall in diese „Gassenschluchten" war und ist demzufolge ein-

geschränkt. Einige dieser mächtigen
Bürgerhäuser weisen heute noch
breite Tore und Kellereingänge auf.
Dahinter verbergen sich Innenhöfe
und hohe Räume, in denen neben
manchem Handelsgut damals vor
allem Wein gelagert wurde, der als
Rückfracht bei den Salztransporten
zum Beispiel aus dem Elsass mitge-
bracht und ins Bayerische weiterge-
handelt wurde. *Fingerlang Handel
bringt mehr als armlang Handwerk*
war dabei eine durchaus erfolgreiche
Devise. So hatte der 16 Mal amtie-
rende Stättmeister Georg Friedrich
Seufferheld (1613 – 1686), der mit Ne-
ckar- und Rheinwein handelte, zu-

letzt in sieben Kellern etwa 2270 Hektoliter Wein liegen. Oft wurden
damals in kleinen Verschlägen auch Schweine gehalten, die tagsüber
durch die Gassen streiften. Da diese ungepflastert waren und dazu bis
zum 16. Jahrhundert mancher Abfall aus den Fenstern entsorgt wurde,

EDUARD MÖRIKE

1844 zog der frisch pensionierte Cleversulzbacher Pfarrer Eduard
Mörike in die Obere Herrngasse Nr. 7. In Hall glaubte er seine zukünf-
tige Dichterresidenz gefunden zu haben. Anfangs
wohnte er dort in dürftigsten Umständen, war doch
seine Habe aus Neuenstadt am Kocher noch nicht
eingetroffen: *In einer Gucke hab ich ein Pfund Salz, in
einer Gucke hab ich ein Pfund Zucker. Tischtuch, Kaf-
feelöffel und dergleichen sind nicht in meiner Ein-
siedelei.* Versorgt von seiner Schwester Klara, fühlte
er sich in Hall wohl und sammelte auf langen
Spaziergängen zahlreiche Versteinerungen. Mörike
verließ nach einem halben Jahr ungern den lieb ge-
wordenen Ort, um seiner Gesundheit wegen nach
Mergentheim zu ziehen. Über Hall schrieb er: *es ist fürwahr ein höchst
merkwürdiger Ort und kann einer wohl hundert Meilen reisen, eh er
dergleichen antrifft.*

waren sie insbesondere nach Regenfällen nahezu unpassierbar. Deshalb wurde den „Ackerbürgern" im Laufe der Zeit das Halten von Tieren in der Innenstadt verboten. Große Portale, geschnitzte Erker und kunstvolle Wappen zieren die mächtigen Häuser des Stadtadels und des reichen Bürgertums.

1837 zerstörte ein Brand am Eingang der **Oberen Herrngasse** zwei Häuser. Im klassizistischen Stil entstand an ihrer Stelle das Haus Nr. 1, das Rabbinatshaus. Noch heute weisen zwei Mesusaritzen an den Türrahmen auf die ehemaligen Bewohner jüdischen Glaubens hin. In diesen Vertiefungen befand sich eine Kapsel mit einem auf Pergament geschriebenen Gebet aus der Thora. Von hier wurde in der Reichspo-gromnacht die Bibliothek des Rabbiners Dr. Berlinger zum Marktplatz geschleppt und dort verbrannt, ebenso Gestühl und Kultgegenstände aus dem Betsaal der jüdischen Gemeinde, der sich im hinteren Teil des Hauses Nr. 8 schräg gegenüber befand.

Das Patrizierwohnhaus Nr. 5 trägt die farbigen Wappen der Familien Senft und Rinderbach von 1494, im Haus Nr. 7 wohnten 1844 der Dichter *Eduard Mörike* und seine Schwester Klara.

Ein architektonisches Kleinod entdeckt man an dem auf 1508 datierten Gebäude Nr. 13: Ein Renaissancealtan mit dem doppelköpfigen Reichsadler und einer Inschrift von 1688 erinnert an die Siege Kaiser Leopolds I. über die Türken.

Am Ausgang zur **Unteren Herrngasse** verlief die sehr gut befestigte Stadtgrenze gegen limpurgisches Herrschaftsgebiet. 1431 mauerten die Haller das Limpurger Tor der andauernden Streitigkeiten wegen zu und öffneten es erst wieder 1543, nachdem sie den Schenken das angrenzende Gebiet abgekauft und somit den Dauerzwist endgültig beendet hatten. Die Schenken, denen durch diese Aktion der Durchgangszoll eines wichtigen Verkehrswegs entging, richteten eine Beschwerde an Kaiser Sigismund. Seine legendäre Antwort: *Wenn meine lieben Söhne zu Hall all ihre Tore zumauern habe ich nichts dagegen und wenn der Schenk in der Stadt zu tun hat, so mag er sich eine Leiter anschaffen.* 2007 wurde die stark verwitterte Steintafel, die an die Öffnung des Tores erinnert, ins Museum gebracht. Mit Spendengeldern konnte eine Kopie gefertigt und am alten Platz befestigt werden.

1986 – 1990 wurde der Stadtgraben wieder sichtbar gemacht, die Reste der ehemaligen Brücke wurden freigelegt und mit einer modernen Stahlkonstruktion überbaut, die von einer zweiteiligen Stahlskulptur des Künstlers *Edgar Gutbub* flankiert wird. Gleichzeitig wurde der Zwinger mit dem Treppenaufgang entlang der Stadtmauer verbunden und im gegenüberliegenden Hang das Parkhaus Schied versteckt. Vom Ende der Brücke erreicht man direkt die grabenabwärts liegende ehemalige Stadtmühle und damit das Hällisch-Fränkische Museum sowie den Stadtpark Ackeranlagen.

Die Untere Herrngasse führt zunächst an mehreren Gebäuden auf der linken Seite vorbei, die zum Museum gehören. Die Barockportale von Haus Nr. 8 aus dem Jahre 1730 zeigen u. a. eine Natter mit Krönchen, das Wappen des Stättmeisters Sanwald. Durch eines der Portale blickt man in einen kleinen Innenhof mit den steinernen Figuren der vier Erdteile, die sich ursprünglich auf dem Rathausdach befanden. Über der Straße hängt der goldene Hermesflügel des Haller Künstlers *Michael Turzer*. Eine kleine Treppe links führt in den **Keckenhof**. Hier erhebt sich der einzige erhaltene Stadtadelsturm aus romanischer Zeit. Er war von 1393 bis 1545 mit acht Geschossen und 18,5 m Höhe

der Wohnturm der Familie Keck. Vom Stättmeister Sanwald wurde der Keckenturm 1750 umgebaut und mit einem prächtigen barocken Musiksaal versehen, der heute Teil des Museums ist.

Bevor sich am Ende der Gasse der Hafenmarkt öffnet, führt in schrägem Winkel das Schubäckgässlein zurück zum Marktplatz. Am Gasthaus Schubäck erinnert eine Inschrift daran, dass hier der 1480 geborene historische Dr. Faust, laut Chronik ein kleines, buckliches Männlein, einige Tage eingekehrt sei, sich dabei nicht zu erkennen gegeben, aber tüchtig mit den Gästen getrunken habe und den Siedern der Sage nach einen Teufel erscheinen ließ. Diese Geschichte findet sich in Widmanns Faustbuch von 1599, ist aber historisch nicht belegbar.

Museum für Kunst- und Kulturgeschichte
HÄLLISCH-FRÄNKISCHES MUSEUM

Seit der Eröffnung des dritten und letzten Bauabschnitts Stadtmühle kann das Museum auf 3300 qm Fläche die Geschichte, Kunst und Kultur der Stadt und der Region Württembergisch-Franken präsentieren.

Neben der ständigen Schausammlung mit wichtigen Schwerpunktthemen von der Frühzeit bis zur Gegenwart werden regelmäßig Sonderausstellungen gezeigt.

Der 1847 gegründete *Historische Verein für Württembergisch-Franken* ist seit 1981 zusammen mit der Stadt Träger des Museums. Seine bedeutende regionalgeschichtliche Sammlung wurde in das Museum eingebracht und wird durch Neuerwerbungen regelmäßig ergänzt.

Eine besondere Spannung besteht zwischen den zahlreichen Exponaten aus mehreren Jahrtausenden und den Ausstellungsräumen, die ihrerseits architektonische Zeugen der wechselvollen Stadtgeschichte sind. Vom bereits erwähnten staufischen **Keckenturm** reichen die baulichen Teile über Mittelalter und Barock bis zur **Stadtmühle** des 19. Jahrhunderts, die in den 1950er Jahren noch in Betrieb war. Ganz bewusst wurden sie beim Um- und Neubau durch Elemente moderner Architektur aus Beton, Stahl und Glas ergänzt, um den Kontrast zwischen historischen Gegebenheiten und funktionalen Elementen aufzuzeigen. Immer wieder sind auch Beispiele moderner Kunst in die Ausstellungsräume integriert, so zum Beispiel Werke von *Gerda Bier, Wolfgang Bier, Edgar Gutbub, Thomas Lenk* oder *Yvonne Goulbier,* deren Werk Tears of Joy besonders nachts von der Schiedbrücke aus eine faszinierende Wirkung entfaltet.

Beeindruckende **geologische Exponate**, Werkzeuge von der Eiszeit bis zur Jungsteinzeit, römische Relikte wie auch aus der Alamannen- und Frankenlandnahme erschließen die Entstehungs-, Siedlungs- und Kulturgeschichte unseres Raumes.

Ein Stadtmodell im Zentrum der Abteilung zur **mittelalterlichen Geschichte** zeigt die Entwicklung Halls bis zur Feuersbrunst von 1728. Auch die sozialen Gruppen und der Heller, der als mittelalterlicher „Euro" die Bedeutung der Reichsstadt mehrte, spielen eine wichtige Rolle. Eine eigene Abteilung widmet sich dem Salz, dem „weißen Gold"

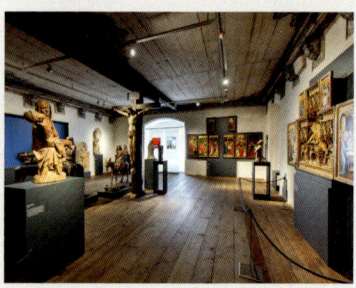

von der keltischen Saline bis zum Brauchtum der Sieder in Geschichte und Gegenwart. Eine besondere Kostbarkeit in der Abteilung mittelalterliche Frömmigkeit, Reformation und Johannes Brenz ist der **Riedener Altar.** Er stammt aus der Mitte des 15. Jahrhunderts, wurde in der durch als Wallfahrtsort bedeutende Kirche in Rieden aufgestellt und 1877 aus

Geldnot an das Landesmuseum verkauft. Seit 2017 ist er als Dauerleihgabe nach Hall zurückgekehrt. Strafjustiz, Dreißigjähriger Krieg und der Künstler *Leonhard Kern* sind weitere Schwerpunkte.

LEONHARD KERN

Ein kunstlicher geschwinder Bildhauer, aller Lob und Ehren wert. Leonhard Kern, einer der bedeutendsten Bildhauer des 17. Jahrhunderts, wurde 1588 in Forchtenberg geboren. In der Werkstatt seines Bruders erlernte er bereits mit 14 Jahren das Bildhauerhandwerk. Seine Lehr- und Wanderjahre seit 1609 führten ihn nach Italien, sogar nach Nordwestafrika. Zu Beginn des Dreißigjährigen Kriegs

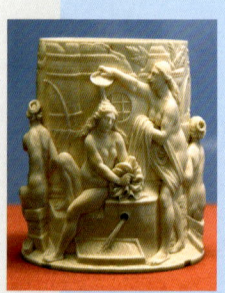

kam er nach Hall und erwarb 1628 ein Haus in der Pfaffengasse (heute Pfarrgasse 16), wo er neben der Werkstatt auch ein Verkaufsatelier errichtete. Hier schuf er zahlreiche Kleinplastiken aus Elfenbein und Alabaster, der aus dem familieneigenen Steinbruch unter der Stadt Forchtenberg kam. 1625 wurden Kern und große Teile seiner Familie durch die Denunziation einer Forchtenbergerin der Hexerei bezichtigt: *sein doch solche Leutt Unholden und zauberische Hexenleutt.* Ungeachtet dieser Verwicklung

stieg er als angesehener Bürger der Stadt bis in den Äußeren Rat auf. Er konnte zahlreiche Güter erwerben, so auch das Schloss in Tullau, das ab 1650 sein Hauptwohnsitz war. Am 4. April 1662 starb Leonhard Kern und wurde auf dem Nikolaifriedhof begraben.

Livio Retti malte nach dem Stadtbrand von 1728 das Rathaus aus, ihm werden auch zwei Ölgemälde im Vorraum des Barocksaals über die wohltätige und gleichzeitig zerstörerische Kraft des Feuers zugeschrieben. Weitere Themen dieser Zeit sind die Handwerkszünfte, das städtische Leben und die Französische Revolution aus Sicht der deutschen Nachbarn. Das skurrilste Exponat, eine Mausefalle in Form einer Guillotine, mahnt: Du sollst nicht stehlen. Diese und andere Themen wie Stadtansichten, Berufe und Szenen aus dem Volksleben werden auch in

einer einzigartigen Sammlung von über 200 bemalten Schützenscheiben jener Zeit lebendig. Ebenso spielt die Verflechtung von Stadt und Land immer wieder eine Rolle, so bei der Präsentation der bemalten

Möbel der berühmten Schreinerfamilie Rößler aus Untermünkheim.

Die Abteilung **19. Jahrhundert** widmet sich neben der Industrialisierung und der Entstehung des Diakonissenhauses auch dem 1836 in Hall geborenen Schlachten- und Panoramenmaler *Louis Braun* sowie den Arbeiten von *Marie Sieger*, einer Hölzel-Schülerin aus Schöntal. Weitere Themen des vergangenen Jahrhunderts sind der Erste Weltkrieg, die Weimarer Republik und der Nationalsozialismus aus lokaler Perspektive.

Von europaweiter Bedeutung jedoch ist die **Judaica-Abteilung** zu Leben und Kultur der jüdischen Bevölkerung in Stadt und Land. Kostbarstes Ausstellungsstück ist die bemalte Zimmersynagoge aus dem Haus Unterlimpurger Straße 65. Sie wurde 1738/39 durch den Wandermaler *Eliezer Sussmann* gestaltet, wobei im Stil polnischer Holzsynagogen farbenprächtige Blumen- und Tiersymbole entstanden sind. Vom Historischen Verein in der Zeit des Nationalsozialismus „abgebaut" und somit vor der Vernichtung gerettet, wurde sie hier in einen eigens dafür konstruierten Raum eingepasst und ist das bedeutendste noch erhaltene Zeugnis jüdischer Religiosität und Kultur in Deutschland. Vor wenigen Jahren erst wurde in Schwäbisch Hall-Steinbach bei einer Wohnhaussanierung im Dachgeschoss die Vertäfelung der Frauenseite einer weiteren Zimmersynagoge entdeckt. Die Paneele der Steinbacher Frauenschul, dem Stil nach auch von *Eliezer Sussmann*, konnten in ursprünglicher Anordnung zusammengebaut werden. Diese Exponate sowie eine bemalte Laubhütte von 1882 werden ergänzt durch weitere Gegenstände aus dem Rabbinatsbezirk Braunsbach und Schwäbisch Hall.

An die Präsenz der amerikanischen Truppen erinnert die Abteilung **Nachkriegszeit**, aber auch an die 1950er Jahre, die Entstehung der Landfrauenvereine und an die Geschichte der Bausparkasse.

Fantasievolle Kostüme, Requisiten, Plakat- und Szenenentwürfe dokumentieren die Entwicklung der Freilichtspiele. Gezeigt werden auch die Schöpfungen des Puppentheaters Gerhards Marionetten und die „Leube'sche Dockenkomödie", die eine der ältesten noch bespielbaren Puppenbühnen des Biedermeiers ist.

Der **Museumsshop**, Führungen, Vorträge und Aktivitäten der Museumspädagogik gehören zum Repertoire des Museums. Ein neuer und besonderer Anziehungspunkt ist der etwa 4 m hohe Nachbau eines mittelalterlichen Krans, der mithilfe eines Tretrads zu bewegen ist. Mit solchen Hebemaschinen wurden im Mittelalter schwere Lasten beim Bau von Kirchen und großen Gebäuden in die Höhe gezogen. Unter Anleitung können große und kleine Besucher das Tretrad selbst in Schwung bringen.

Das kleine Haus Lange Straße 49 in der Katharinenvorstadt gilt als eines der ältesten Gebäude der Stadt. Als Außenstelle des Museums informiert es über die Baugeschichte, die Lebensumstände und die Alltagskultur seiner Bewohner.

HÄLLISCH-FRÄNKISCHES MUSEUM
Museum für Kunst- und Kulturgeschichte
Keckenhof, 74523 Schwäbisch Hall, Telefon 0791/751-360 oder -289

Öffnungszeiten: Di – So 10 – 17 Uhr, Eintritt frei
Führungen: sonntags 14.30 Uhr

Sonderausstellungen, Gruppenführungen, Veranstaltungsprogramm, vielfältiges Angebot für Kinder und Jugendliche.

Auf Brücken und Stegen über den Kocher

Hafenmarkt, Steinerner Steg, Unterwöhrd, Haalplatz und Milchmarkt

Am Ende der Unteren Herrngasse liegt der **Hafenmarkt**, der rechter Hand von den Fassaden des ehemaligen Franziskanerklosters und des Rathauses begrenzt wird. Bis zum Stadtbrand von 1728 standen gegenüber das alte Rathaus, das Salz-, Fleisch- und Brothaus, später Wohnhäuser, ein Gartengrundstück und das Postgebäude.

Bei Ausschachtungsarbeiten zum Bau der Sparkasse 1939 fand man Wannen, einbaumartige Holztröge, Öfen, Ton- und Lehmscherben, alles Bestandteile einer keltischen Saline, datiert auf 280 v. Chr. Mit ihr beginnt die eigentliche Geschichte der Stadt.

Nach wenigen Metern auf der Haalstraße zweigt linkerhand die Gasse Steinerner Steg ab zum Keckenhof mit dem Hällisch-Fränkischen Museum, zuvor führt rechts der eigentliche **Steinerne Steg** über den Kocher. Seit 1516/17 überspannt er mit seinen originalen steinernen Ruhebänke die Insel Grasbödele und führt auf den Unterwöhrd, eine weitere Insel, die den Fluss teilt. Der Blick nach rechts auf die Häuserpartie am Kocher mit Sulferturm und Sulfersteg und zurück auf die steil aufragenden Fachwerkgiebel mit Neubau, Rathaus und Turm von

St. Michael, Stadtmühle und Epinalsteg gehört zu den schönsten Eindrücken, die Schwäbisch Hall zu bieten hat.

Bis 1968 stand auf dem Unterwöhrd das mächtige Solbadhotel. Dort wurde in den Jahren 2000 bis 2016 im *Haller Globe Theater*, einem höl-

KUNSTVEREIN SCHWÄBISCH HALL

Galerie am Markt, Eingang Hafenmarkt, Telefon 0791/9780186
Öffnungszeiten Mi – Fr 15 – 18 Uhr, Sa und So 12 – 18 Uhr

Wechselnde Ausstellungen zeitgenössischer Kunst in besonders schönen Räumen, www.kvsha.de

zernen Rundbau, Theater gespielt. Dann wurde der als Provisorium gedachte Bau abgerissen. An seiner Stelle steht heute das **Neue Globe**, ein ganzjährig bespielbares Theater aus Glas, Stahl und Muschelkalk. 371 Zuschauer können dort Schauspiel, Musik- und Tanztheater, Gastspiele und Konzerte bei offenem wie auch geschlossenem Dach im Innenraum oder auf einer Außenbühne erleben.

Der **Sulfersteg**, eine überdachte, 1955 gefertigte Rekonstruktion der Holzbrücke von 1779/80, führt vom Unterwöhrd zum Haalplatz. Er ersetzte eine gepflasterte Furt durch den Kocherarm zum **Sulferturm**, deren Zugang noch heute an dem mächtigen Tor sichtbar ist. Um 1250 als Teil der staufischen Stadtbefestigung errichtet, wurde der Turm – er diente jahrelang auch als Gefängnis – später umgebaut. Das grüne

Fachwerkhaus rechts beherbergt bis heute das Haalamt, den Verwaltungssitz des Vereins der Siedensberechtigten. Das anschließende Gebäude des **Alten Schlachthauses**, von 1716 bis 1960 in Betrieb und in seinem jetzigen Erscheinungsbild 1835 erbaut, ist nun Kulturzentrum und Café. An seiner Stelle und im Bereich um den Sulferturm vermutet man das ehemalige jüdische Ghetto mit einer 1356 und 1457 erwähnten Synagoge sowie einem Judenbad am Kocher; Spuren davon konnten jedoch noch nicht gefunden werden.

Von der einstigen Bedeutung des **Haalplatzes**, auf dem jahrhundertelang das „weiße Gold" gewonnen wurde, ist heute nichts mehr zu

sehen. Zwischen parkenden Autos markiert der Haalbrunnen mit Schöpfgalgen und Quellschale die unterirdisch fließende Salzquelle, deren sprudelnde Sole mit 40 g Salz/l das Diakoniekrankenhaus und das Solebad versorgt. Die Bauten der Reichsstädtischen Saline auf dem Haalplatz waren bereits 1842, der Solespeicher und andere Gebäude der nördlich der Altstadt gelegenen württembergischen Saline 1930–33 abgerissen worden. Mit dem Solebadhotel auf dem Unterwöhrd fiel 1968 das letzte Zeugnis der einstigen Quelle hällischen Reichtums der

Spitzhacke zum Opfer. Die ehemalige Markt- oder Haalhalle, 1949 erbaut, dient vorwiegend kulturellen Zwecken, sie ist Probenraum und „Winterbühne" der Freilichtspiele.

Von der Haalmauer hat man einen herrlichen Blick auf die vielgestaltigen Häuserfassaden von Mauerstraße und Katharinenvorstadt. Das von einem Kamin überragte Backsteingebäude des alten Sudhauses und der moderne Stahl-, Glas- und Muschelkalkbau der Kunsthalle Würth bieten einen reizvollen Kontrast zu den vorwiegend kleinbürgerlichen Häusern jenseits des Flusses. Dorthin führt eine weitere überdachte Holzbrücke, der **Rote Steg**, der bereits 1350 als „hangender Steg" erwähnt wurde, aber schon davor existiert haben könnte. Wenigstens

zweimal wurde der Übergang durch Hochwasser zerstört und als „Archenbrücke" wieder errichtet, zuletzt im Juli 1946, nachdem deutsche Soldaten auf der Flucht vor der US-Armee die Brücke im April 1945 in Brand gesetzt hatten.

Eine der stimmungsvollsten Ansichten von Schwäbisch Hall bietet das ehemalige (Rot-)Gerberhaus zusammen mit dem 1594 errichteten Gebäude des Cafés Ableitner, dessen Erker und Renaissancefachwerk von besonderer Qualität sind.

KUNSTSCHMIEDEHAUS EMIL SCHMIDT

Brückenhof 4
Telefon 0791/8565200

Vollständig erhaltene Schmiedewerkstatt, Schmiedekunst aus vier Jahrhunderten. Geöffnet nach Vereinbarung.

Nach dem kleinen Abstecher auf die andere Kocherseite gelangt man über den Sulfersteg und den Haalplatz durch die schmale, belebte Schwatzbühlgasse mit Läden, Cafés und anderen gastronomischen Angeboten zum früheren **Grasmarkt**. Dort, wie auch vor dem Hotel Adelshof, steht ein Bronzemodell der Haller Altstadt. Die Straßennamen sind nicht nur in lateinischer, sondern auch in Brailleschrift eingraviert. So ermöglicht das Geschenk der Bausparkasse an die Stadt auch blinden Menschen eine Orientierung innerhalb der historischen

Mauern. Schnurgerade zieht sich die Neue Straße, die Haupt- und Geschäftsstraße der Fußgängerzone, zum Marktplatz hinauf.

Links führt die **Henkers- oder Rittersbrücke** über den Kocher zur Weiler- und Katharinenvorstadt (siehe Rundgang 5). Das Erscheinungsbild der ältesten Kocherbrücke, bereits 1228 erwähnt, stammt allerdings von 1947, als man den alten, 1502 – 1504 in Stein errichteten wehrhaften Übergang wieder aufbaute. Er war im April 1945 ebenfalls durch deutsche Soldaten gesprengt worden, um den Vormarsch der amerikanischen Truppen aufzuhalten. Dabei schuf der Haller Architekt, Kunst- und Lokalhistoriker *Eduard Krüger* das Brückenhäuschen in Anlehnung an einen Vorgängerbau, der aber nur bis zum Anfang des 18. Jahrhunderts existierte. Die Henkersmaske erinnert daran, dass der Scharfrichter hier als Teil seines Lohns Brückenzoll für Holz einziehen durfte und angeblich auch Leibesstrafen wie Ohrenabschneiden und Backenbrennen vollzog. In einem eisernen Käfig wurden Delinquenten

zum Beispiel nach Obstdiebstahl in den Kocher getaucht. Das Häuschen dient als „Bühne" der beiden schwäbischen Originale Frau Kehrer und Frau Schäuffele, die sich im „Auftrag" des Kunstautomatenherstellers und Allroundkünstlers *Bernhard Deutsch* lautstark mit den neuesten lokalpolitischen Ereignissen auseinandersetzen.

Zurück zur **Neuen Straße**, die nach dem Stadtbrand von 1728, bei dem mehr als 300 Häuser in Schutt und Asche gelegt wurden, als Brandschneise schnurgerade vom Kocher bis zum Marktplatz angelegt wurde. Auf halber Höhe führt sie am Milchmarkt vorbei. Auffälligstes Gebäude ist das mächtige „Glashaus" mit vorgeblendeter Sonnenjalousie. In der Bevölkerung heftig umstritten, wurde es 1995 anstelle des Nachkriegsgebäudes der Landeszentralbank als Textilkaufhaus errichtet und dient der Bevölkerung jetzt als großzügig ausgestattete Stadtbibliothek. Der **Milchmarkt** ist vor allem samstags das politisch-soziale Herz der Stadt. In Wahlkampfzeiten trifft man hier auf politische Parteien aller Couleur, Kundgebungen und Demonstrationen. Kulturell und sozial motivierte Verkaufsstände beleben neben den Straßencafés den Platz, in dessen Mitte ein Brunnen von 1756 mit schön verziertem gusseisernem Becken steht. Nun sind es noch wenige Meter bis zum Marktplatz, der sich nach einem kleinen Schwenk nach rechts in seiner ganzen Schönheit präsentiert.

Grün ist die Sole, weiß ist das Salz
DIE HALLER SALZSIEDER

Am Kocher, Hall die löblich Statt
Vom Saltzbrunn ihren Ursprung hatt.

Die Salzgewinnung wurde wohl bereits um 500 v. Chr. von den Kelten betrieben. Hall, vom westgermanischen Hala abgeleitet, bedeutet nicht Salz, wie so oft zu lesen ist, sondern unter Hitzeeinwirkung austrocknen, ist also ein Hinweis auf das Salzsieden. Ob Quelle und Siedlung später durch einen Erdrutsch verschüttet und um 800 n. Chr. durch Zufall

bei einer Jagd wiederentdeckt wurden, ist nicht belegbar. Immerhin existiert aber eine etwa 800 Jahre dauernde Lücke in der Besiedlungsgeschichte der Stadt.

Bergwerke, Mineral- und Salzquellen waren Eigentum des Königs, sie wurden als Lehen an Klöster oder Adelige gegeben, die das Siedegeschäft gegen einen jährlichen Zins gewerblichen Siedern überließen. Einer Urkunde von 1306 zufolge waren die Rechte in 111 Anteile, auch Sieden oder Pfannen zu je 20 Eimer aufgeteilt, wovon die Stadt 24 Anteile erwerben und somit Einfluss auf die Salzproduktion ausüben konnte. Die Sieder, genossenschaftlich organisiert, waren für den Bau und die Unterhaltung der Siedehäuser und Salzpfannen sowie für die Sicherung der Flößerei und der Solequelle zuständig. Die Zahl der Eigentümer wurde durch Vererbung aufgesplittert. 1776 gab es 1600 Anteile, die eigentliche Arbeit wurde zunehmend durch Siedersknechte durchgeführt.

Mittelpunkt des Geschehens war der Haalplatz, etwa 110 Meter westlich der früheren Keltensiedlung. 44 Haalhäuser umgaben den Brunnen, aus dem die grüne Sole geschöpft wurde. In bis zu 5 Meter langen und 1,20 Meter breiten Blechpfannen wurde sie an zirka 20 Wochen im Jahr gesotten, bis das Wasser verdampft war und reines Salz zurückblieb.

Das Holz kam aus den limpurgischen Wäldern und wurde mit dem Frühjahrshochwasser zum Haalplatz geflößt. Dabei brauchte eine Pfanne etwa 1185 Kubikmeter, alle 111 Pfannen die unglaubliche Summe von 131 548 Kubikmetern Holz im Jahr.

Deshalb wurde mit der Errichtung des ersten Gradierhauses 1739 ein Verfahren eingeführt, das wesentlich weniger Holz verbrauchte und etwa viermal so viel Salz produzierte. Mehrere solcher Gradierhäuser wurden auf dem Gelände des alten Gefängnisses und am Ripperg errichtet; die Sole rieselte über 8 Meter hohe Weißdornwände, verdunstete langsam und erhielt so eine stärkere Konzentration. Die Anlagen, 122 bis 252 Meter lang, wurden durch mehrere kilometerlange Holzröhren mit dem Haalbrunnen und den Siedehäusern verbunden.

Neben dem Verkauf der Ware im Salzhaus wurde der Salzfernhandel genossenschaftlich betrieben. Die Salzfuhrleute kamen mit dem „weißen Gold" bis Basel und Bellinzona, in die Kurpfalz und ins Elsass und nahmen als Rückfracht Wein mit, der dann bis ins Bayerische verkauft wurde. Die Qualität des Haller Salzes war gut; so heißt es in einer Chronik von 1498: *... und das Saltz salzt gar wol und ist gar klein und waiß, fürt man in Franken und an den Rheinstrom.*

Nachdem Hall 1802 durch die napoleonische Politik der „Flurbereinigung Süddeutschlands" an Württemberg gefallen war, übernahm Herzog Friedrich, seit 1803 Kurfürst und ab 1805 König von Napoleons Gnaden, die Salzquelle und Siedensanteile in Staatseigentum. Den damals 193 Siedensberechtigten wurde eine ewige Rente, *so lange die Sonne*

aufgeht, von jährlich 480 Gulden zugesichert. Sie wird bis heute vom Haalschreiber errechnet und den Nachkommen in Beträgen von zehn Cent bis zu rund 120 Euro ausbezahlt.

1825 wurde auf Uttenhofer Gemarkung ein Steinsalzlager gefunden, Wilhelmsglück genannt und bergmännisch ausgebeutet. Die wesentlich unwirtschaftlichere Solegewinnung wurde aufgegeben, die Gradierhäuser und andere Gebäude abgerissen. Die Eröffnung des Salzbergwerks Bad Friedrichshall 1859 führte nun auch zum Niedergang Wilhelmsglücks und 1924 zur endgültigen Schließung der Haller Saline. Zwar sprudelt die Salzquelle noch immer, wird aber nur noch im Solebad zu gesundheitlichen Zwecken genutzt.

Die Farben der Siederstracht symbolisieren das Feuer (Rot), die Holzkohle (Schwarz), die Sole (Grün) und das Salz (Weiß). Diese Tradition wird ebenso wie die Tänze und Lieder bei den Auftritten des Großen und Kleinen Siedershofes bis heute lebendig erhalten. Die Herkunft ihres Brunnen- und Kuchenfests (siehe Seite 94) ist ungeklärt. Wie bei anderen Zünften war es mögli-cherweise auch bei den ledigen Siedern üblich, einen „Hof", das heißt ein Fest zu begehen und so für kurze Zeit dem Alltag zu entfliehen.

Die Arbeit im Haal war hart. Holzstämme aus dem Fluss ziehen und zerkleinern, die Ei-senpfannen übers Feuer schieben, die Herdwände immer wieder mit Salzwasser begießen und so Hitze und Qualm ausgesetzt zu sein, das

machte durstig und während des Fests mitunter auch streitsüchtig. Deshalb bedurfte die „Lustbarkeit" einer Genehmigung des Rats, der mitunter auch Strafen verhängte, wenn die jungen Sieder über die Stränge geschlagen hatten. Von 1643 stammt die älteste bildliche Darstellung eines „Kuchenzugs", die im Haalamt zu sehen ist. In den Bereich der Sage gehört der alljährlich an Pfingsten inszenierte Mühlenbrand und die Präsentation des Siederskuchens. Danach soll die Dorfmühle bei einem Brand 1316 durch das Eingreifen der Sieder vor den Flammen gerettet und sie dafür durch die ewige Stiftung eines 90 Pfund schweren Mühlenkuchens belohnt worden sein. Auch der Haalgeist, *Hoolgaascht*, spielt in der Geschichte der Salzsieder eine – wenn auch „unsichtbare" – Rolle. Zahlreiche Sagen ranken sich um den Hüter der Salzquelle, ein Fabelwesen, mal als Hund, mal als zotteliges Kalb oder eine Art Rübezahl dargestellt, gehörnt und mit überlanger Nase. So vielseitig wie sein „Äußeres", so vielgestaltig und verschwommen ist seine Bedeutung. Mal gilt er als Teufel oder Kinderschreck, mal warnt vor Feuer- und Wassernot oder treibt Schabernack, immer aber gilt er als Verbündeter der kleinen Leute gegen die Herrschenden.

Literaturtipp: Ulrike Schweikert, Die Tochter des Salzsieders

Bummeln und genießen

Gelbinger Gasse, Hospital zum Heiligen Geist und Kocherquartier

Vom Marktplatz kommt man an der ehemaligen Engelapotheke vorbei in die Marktstraße, die durch repräsentative Bürgerhäuser aus der Zeit nach dem Stadtbrand geprägt ist (Marktstraße 3, 5 und Am Schuppach 1). Der kleine Platz **Säumarkt** wird beherrscht von der württembergischen Hauptwache, einem Gebäude im Stil des Klassizismus von 1811. Unmittelbar dahinter erheben sich wieder mächtige Teile der mittelalterlichen Stadtbefestigung: der Säumarktturm von 1250, die Stadtwaage von 1565, die 1681 mit einem Fachwerkaufsatz versehen wurde, ein Stück Stadtmauer und der Malefizturm, in dem das Gefängnis untergebracht war – deutlich erkennbar an den ebenerdig vergitterten Fenstern.

Die **Gelbinger Gasse** ist eine lebendige Einkaufsstraße in der Innenstadt mit zahlreichen kleinen Fachgeschäften, Handwerksbetrieben, Restaurants, Cafés und einer Weinstube. Auffälligster Blickfang und Wahrzeichen ist der fachwerkgeschmückte **Josenturm**, der zur angrenzenden ehemaligen Kapelle St. Jodokus gehörte. Nach deren Säkularisierung sollte er die Stadtmauer der Vorstadt verstärken und als Ausguck dienen. 1686 erhielt er den Fachwerkaufsatz, das ehemalige Schiff der „Josenkapelle" wurde 1737 mit einem barocken Fachwerkhaus überbaut. Links führt ein Weg durchs 1515 errichtete Badtörle am Gelände der ehemaligen Vollzugsanstalt, dem Kocherquartier, vorbei zum Fluss und zum Zentralen Omnibusbahn-hof ZOB.

Ein Blitzschlag löste 1680 einen Großbrand aus, durch den rund 100 mittelalterliche Häuser der südlichen Gelbinger Vorstadt vom Säumarkt bis zum Josenturm vernichtet wurden. Sie wurden meist durch fachwerkgeschmückte Bauten ersetzt. Im 1705 errichteten barocken **Engelhardpalais**, heute Sitz der Schule für Pflegeberufe am Diakonieklinikum, zeigt sich der Stolz des gehobenen Bürgertums. Der Bauherr, Ratsherr Johann Wilhelm Engelhard, schmückte das ungewöhnlich stattliche Gebäude durch ein Steinrelief mit Reichsadler, Zepter und Krone, darunter sein Wahlspruch: *Timore, amore sub umbris alarum tuarum* (Unter dem Schatten deiner Flügel ruhen Liebe und Furcht).

Das schönste, mit geschnitzten Blumen- und Pflanzenornamenten, Säulen und Köpfen verzierte Fachwerkhaus der Stadt ist das 1605

vom Ratsherrn und Rotgerber Hans Greter erbaute **Gräterhaus**. 1680 wurde es stark beschädigt und beim Wiederaufbau mit dem dekorativen Dacherker versehen. Die gekreuzten Schabemesser an der Fassade, das Zunftzeichen der Gerber, und auch das gegenüber sprudelnde Gerbers-brünnele weisen auf den in der Vor-stadt häufig vertretenen Berufszweig hin. 1981 entstand am Gerberplatz beim Neubau des Landratsamts ein breiter, mit einer mehrteiligen hintergründigen Skulptur von *Hans Hennig Seemann* geschmückter Treppenaufgang.

Stadtauswärts stehen eher kleine Vorstadthäuser mit niedrigen Stock-werken, mächtigen Kellereingängen und geschnitzten Türen sowie der mit „Mönch-und-Nonne-Ziegeln" gedeckte Winzerturm aus der Zeit um 1500. Der Rundgang führt jedoch vom Gräterhaus zurück und am Handwerkerbrunnen von *Wolfgang Bier* vorbei nach rechts in die Gasse Hinter der Waag. Wenige Meter später öffnet sich wieder der Säumarkt, zur Rechten führen eine breite Treppe sowie ein Fahrstuhl hinab in den Froschgraben. Begrenzt wird dieser von der Hospitalkirche und den Kornhausscheunen sowie von der Rindenscheuer der ehemaligen

Gerberei Eckstein, dem mächtigen Gebäude mit Laubengängen, auf denen bis 1972 die Häute zum Trocknen aufgehängt wurden, und dem modernen Kocherquartier.

Links an der „Alten Fasseiche", die einem Turm der ehemaligen Stadtbefestigung aufsitzt, geht es nun durch ein Tor über die Mohrenstraße in den Innenhof der Hospitalkirche. Sie ist Teil des dreiflügeligen **Hospitals zum Heiligen Geist**. 1228 erstmals erwähnt, 1317 hierher verlegt, war die Hauptaufgabe des Hospitals die Pflege von Kranken, Alten, Waisen und Behinderten. Stiftungen, Landbesitz und Darlehen sicherten finanziell die Durchführung dieser Aufgaben. Beim Stadtbrand ging die alte Bausubstanz unter, der Wiederaufbau erfolgte bis 1738. Da man ein Gebäude mit zwei vorspringenden Flügeln und Innenhof errichtete, zudem 1884 Schmuckfassaden im Stil der Neorenaissance vorgeblendet wurden, wirkt das Ensemble heute wie ein kleines Schloss.

GOETHE-INSTITUT
Kulturinstitut der Bundesrepublik Deutschland
Am Spitalbach 8 (im Hospitalgebäude), Telefon 0791/978870
Sprachkurse, Kulturveranstaltungen, kleine Ausstellungen.

Die in den hinteren Teil der Anlage integrierte **Hospitalkirche** mit sehenswerter Kanzelaltarwand und einem Deckengemälde, auf dem Martin Luther unterhalb der Dreieinigkeit auf einer Wolke sitzt, wird als Veranstaltungssaal genutzt. In allen anderen Räumen unterrichtet

das Goethe-Institut seit seiner Gründung 1965 Menschen aus aller Welt. Die Skulptur *Argos* am Treppenaufgang zum Spitalbach stammt vom spanischen Künstler *Amadeo Gabino*.

Vom Innenhof gelangt man auch zu den drei mächtigen **Kornhausscheunen**. Sie dienten dem Spital als Lager und Stallungen und wurden nach dem Brand von 1728 wiedererrichtet. Nach Nutzung als Turnhalle des Gefängnisses und später durch die inzwischen aufgelöste Fachhochschule für Gestaltung wurden die drei markanten Gebäude zwischen Altstadt und Kocherquartier für Handel, Gewerbe und als Markthalle umgebaut. Ein Torbogen rechts öffnet den Blick zum Kocherquartier, der Weg führt nun ein Stück weit an der Salinenstraße entlang mit Blick auf die Weilervorstadt.

„EIN HELLER UND EIN BATZEN“

1189 wird das Haller Geld, der *Häller* oder *Heller*, erstmals urkundlich erwähnt. Kaiser Friedrich I. Barbarossa, durch Feldzüge und Erweiterung seiner Hausmacht ständig in Geldnot, ließ in Hall diesen Pfennig prägen. Der „Euro des Mittelalters“ wurde in riesigen Stückzahlen geprägt und verbreitete sich rasch über das Hl. Römische Reich. Den Hallern verhalf die Münzproduktion neben der Salzgewinnung zu wirtschaftlicher Blüte und zum heutigen Stadtwappen, das die Münzbilder (Hand als Symbol des Marktfriedens und Kreuz als Symbol der Verbindung von göttlichem und weltlichem Recht) zeigt. Die Münze aus dünnem Silberblech wog zunächst 0,55 Gramm bei einem Silbergehalt von 0,37 Gramm. Mit der Zeit begann das Umschmelzen dieser Münzen in großem Stil: Machte man bisher aus dem Gewicht einer Mark in Silber 240 Heller (ein Pfund), so waren es nun 592 mit einem Silbergehalt von nur noch 0,2 Gramm. Bekam man bisher einen Laib Käse für einen Heller, für 9 Pfund einen Hof mit 12 Morgen Land, kostete 1394 ein Bauernhof in Weckrieden nun etwa 300 000 Heller. Der „böse Heller“, die kleinste Einheit im verwirrenden Währungssystem, wurde inzwischen auch andernorts geprägt, neben der winzigen Silbermünze auch als reine Kupfermünze (*das ist keinen roten Heller wert*). Ab 1395 durfte die Stadt *auf ewige Zeiten* zusätzliche Münzen wie Batzen (24 Heller), Halbbatzen, Silbertaler und Sondermünzen wie Dukaten herstellen. Die entstanden allerdings ab 1545 vorwiegend in Nürnberg, da sich der geringen Auflagen wegen der Weiterbetrieb der Haller Münze nicht mehr lohnte. Mit dem Ende der Reichsstadt 1802 endete auch das Recht der Münzprägung.

Der **Dietrich-Bonhoeffer-Platz** mit einer Skulptur von *Alfred Hrdlicka* erschließt das seit 2011 eröffnete **Kocherquartier** mit Handel, Dienstleistungen, Gastronomie und Wohnungen über der Stadt. Beherrschendes Gebäude ist der Zentralbau des ehemaligen Gefängnisses, der nach behutsamer Sanierung als Bildungshaus die Volkshochschule, die Musikschule und andere Bildungseinrichtungen der Stadt beherbergt. Der Lappeenrantasteg, eine überdachte Holzbrücke, führt über den Kocher auf dem Loughboroughweg am öffentlichen **Solebad** vorbei. Hier bieten fünf Becken mit unterschiedlich warmer, heilkräftiger Sole, eine großzügige Saunalandschaft und zwei Salzgrotten Entspannung und Erholung. Von der Henkers- oder Ritterbrücke gelangt man über die Neue Straße wieder zum Marktplatz zurück.

Vom Dunkel ins Licht
JOHANNITERKIRCHE

Berühmten Malern so nahe zu sein – wunderbar. Bis zu diesem begeisterten Eintrag eines Besuchers aus Finnland im Jahre 2011 lag eine lange und wechselvolle Geschichte hinter der 1298 erstmals erwähnten Kirche des Johanniterordens, bis dort im November 2009 die **Alten Meister in der Sammlung Würth** Einzug hielten. 2004 von der Würth-Gruppe er-

worben, wurde die 1812 profanierte Kirche seither als Lagerraum, Versammlungshalle für Sport, Theater, Vorträge, Konzerte und Freilichtspielproben, ab 2001 auch von der Kunsthalle Würth für Sonderausstellungen genutzt. Nun wurde sie einer Generalsanierung und behutsamen Restaurierung unterzogen, bei der ein originaler gotischer Dachstuhl aus den Jahren 1400/1401 freigelegt wurde, der älteste seiner Art in Südwestdeutschland. Es entstand ein stimmungsvoller sakraler Ausstellungsort, in dem die Einheit von Kunst und Kulturdenkmal die Besucher tief beeindruckt. Museumstechnik, Foyer und Museumsshop sind in einem architektonisch zurückhaltenden Anbau aus Stahl, Glas und Muschelkalk untergebracht.

2003 hatte das Ehepaar Carmen und Reinhold Würth den ehemaligen Fürstlich Fürstenbergischen Bilderschatz aus Donaueschingen vor dem Verkauf ins Ausland gerettet. Retabeln, Tafelbilder und Porträts von berühmten Künstlern wie *Lucas Cranach d. Ä., Daniel Mauch, Tillmann*

Riemenschneider, dem *Meister von Messkirch* oder dem *Zürcher Veilchenmeister* repräsentieren die sakrale Kunst des Südwestens, einschließlich des Bodenseeraums und der Nordschweiz, vom ausgehenden Mittelalter bis zum Beginn der Neuzeit. Somit entstammen die meisten Exponate einer Zeit, aus der aufgrund des damaligen Bildersturms nur noch wenige solch hochka-

rätiger Tafelbilder erhalten sind. Die Sammlung wurde durch spätgotische Marienfiguren ergänzt, vor allem aber auch durch den 2013 gelungenen Erwerb wesentlicher Teile des 1530 entstandenen **Falkensteiner Altars** des anonymen *Meisters von Messkirch*. Internationales Aufsehen löste der Kauf der zwischen 1525 und 1528 entstandenen **Madonna des Bürgermeisters Jacob Meyer zum Hasen** von *Hans Holbein d. J.* (1497–1543) aus, der „teuersten Frau Deutschlands". Auch Schutzmantelmadonna genannt, ist dieses Gemälde nicht nur ein Bekenntnis zum katholischen Glauben inmitten der Reformationszeit, sondern auch ein Hauptwerk der europäischen Renaissancemalerei und wird mit der Sixtinischen Madonna von Raffael in Dresden gleichgestellt.

JOHANNITERKIRCHE
Im Weiler 1, 74523 Schwäbisch Hall, Telefon 0791/94672-330,
Öffnungszeiten: Di – So 11 – 17 Uhr, www.kunst.wuerth.com

Neues Leben in alten Quartieren

Weiler- und Katharinenvorstadt, Johanniterkirche, Kunsthalle Würth

Überquert man die Henkers- oder Rittersbrücke erschließt sich parallel zum Kocher auf der linken Seite die Mauerstraße mit der ansteigenden **Katharinenvorstadt** oder auch „Vorstadt jenseits Kochens". Vor allem im Morgenlicht sind die Fassaden der Häuser, die sich im Fluss spiegeln, eine wahre Idylle. Allerdings will ein ochsenblutrotes modernes Flachdachgebäude nicht so recht in dieses Bild passen. Bis 2008 war das 1970 anstelle des abgerissenen Vorgängerbaus errichtete **Brenzhaus** ein Ärgernis für die Bewohner der Stadt. Als „Schandfleck" empfand man den mächtigen Kubus mit Waschbetonplattenfassade inmitten der meist giebelständigen Altstadthäuser am Kocher. Eine Haller Architektengemeinschaft baute das Haus innen und außen so weit um, dass

es sich nun architektonisch und farblich erträglicher in die Umgebung einfügt. Eine eindrucksvolle Sandsteinbüste von Johannes Brenz wurde bei Grabungsarbeiten entdeckt und im Außenbereich aufgestellt.

Rechts der Henkersbrücke zeigt sich eine weitere malerische, in sich geschlossene Häuserpartie. Von der Terrasse des Cafés Ilge hat man einen schönen Blick auf die Kernstadt und den Kocher. Überragt wird die Weilervorstadt vom schlanken Turm der ehemaligen Johanniterkirche und dem Weilertor von etwa 1330, welches das Ende der Stadtbefestigung der Vorstadt markiert. Auf der stadtauswärts liegenden Seite der Johanniterkirche ist der halbseitig offene Scharfrichterturm zu erkennen, neben dem das Haus des Henkers steht. Weil er einen „unehrlichen" Beruf hatte, musste er am Rande der Stadt wohnen. Die Amtszeit des letzten Henkers von Hall, Georg David Bürck, begann 1799. Nachdem Hall württembergisch geworden und somit der Rechtsordnung des Landes unterstellt war, ergriff er, nunmehr arbeitslos, den Beruf eines Chirurgen!

Die **Johanniterkirche** entstand Ende des 12. Jahrhunderts als Niederlassung des Johanniterordens. Trotz der Reformation blieb die Kirche bis 1534 katholisch, erst dann verbot der evangelische Rat die Abhaltung der Messe in St. Johann. Ab 1543 war sie evangelische Pfarrkirche der Weilervorstadt. Der ehemals romanische Bau war bereits während der Gotik bis 1404 umgebaut und mit bemerkenswerten Fresken ausgemalt worden. Um 1600 verlegten die Johanniter ihren Hauptsitz nach Affal-

trach, lediglich ein Verwalter blieb vor Ort, um die Rechtsstellung des Ordens zu wahren und sich um die Einkünfte zu kümmern. 1802 wurde Hall württembergisch, auch die Besitzungen des Johanniterordens wurden durch die Säkularisation dem Land übereignet. 1812 wurde die Pfarrei St. Johann aufgehoben, die Kirche profaniert und an die Stadt verkauft. Sie diente seither in wechselnder Nutzung als Lagerraum, Turnhalle, Proben- und Veranstaltungssaal für Ausstellungen, Konzerte und Vorträge. Durch diese unterschiedlichen Nutzungen wurden große Teile der Ausstattung zerstört oder entfernt, in der Nachkriegszeit veränderten zusätzliche Umbaumaßnahmen den Innenraum. Reste der Innenausstattung befinden sich im Hällisch-Fränkischen Museum, der ehemalige Taufstein von 1405 in der Kirche St. Michael.

Auch das neben der ehemaligen Kirche liegende, heute als Kaufhaus genutzte Gebäude war Teil der Niederlassung des Johanniterordens gewesen. Nur wenige Spuren aus dieser Zeit sind noch zu sehen, so ein romanischer Fensterbogen und das Wappen mit einer Inschrift von Friedrich von Enzberg. Der farbig gefasste Ritter an der Außenfassade des Kaufhauses aus dem 19. Jahrhundert war das Werbeschild der Ritterbrauerei, auf deren ehemaligem Gelände ein Einkaufszentrum mit Parkhaus entstand. Fragmente einer noch vorhandenen staufischen Mauer wurden dabei in den Haupteingang von der Heimbacher Gasse aus integriert.

Von dort biegt wenige Meter weiter links die Lange Straße ab. Sie ist neben der Katharinenstraße die Hauptachse der Vorstadt, die früher vorwiegend von Handwerkern und „kleinen Leuten" bewohnt war; im Volksmund hieß es dazu: *links vom Kocher wohnt nichts Rechtes.* Nachdem große Bereiche dort zum Sanierungsgebiet erklärt und der Verkehr in den Stadtgraben verlegt worden war, gab es zahlreiche Häuserrenovierungen. Ein Seniorenheim, ein Parkhaus und die Kunsthalle Würth wurden gebaut. In den ver-

KATHARINENKIRCHE

Vom ursprünglich mittelalterlichen Bau von 1240 sind heute nur noch die beiden Untergeschosse des Turms sowie der Chor vorhanden. Wie bei St. Michael wurde die Kirche später erneuert; so brach man zum Beispiel die romanische Apsis ab und errichtete 1343 den gotischen Chor, dessen Schlussstein einen Christuskopf zeigt. 1896–1898 entstanden ein neogotisches Hauptschiff, zwei Sakristeien und die Ummauerung des Chores. Der Turm wurde mehrfach erhöht, 1570 in Fachwerk, 1727 in Stein, bis er Ende des 19. Jahrhunderts seine jetzige Form und Höhe von 47 Metern erhielt. Die romanischen Rundbogenfenster weisen reich verzierte Kapitelle auf.

Durch den Umbau im 19. Jahrhundert wurde das mittelalterliche Schiff weitgehend zerstört; spätere Baumaßnahmen versuchten, Teile davon wieder sichtbar zu machen. So wurden in einem Fenster auf der Südseite des Chores Farbglasfenster von 1343 mit solchen späteren Datums zusammengefasst. Sie zeigen den siegreichen Kampf der Tugenden gegen das Laster, die Heiligen Katharina, Dorothea und Magdalena sowie eine Darstellung des Fegefeuers. Aus einer niederländischen Werkstatt stammt der vergoldete **Hochaltar** von 1445/49, er bildet Leben, Leiden und Sieg Christi nach. An der Nordseite des Chors steht ein Heiliges Grab mit ausdrucksvollen Figuren von 1470, an der Südseite ein Ölberg aus der gleichen Zeit. Von etwa 1440 datieren die Sakramentsnische mit der hl. Veronika und die Skulptur Maria mit dem Kind; die Figur der

Kirchenheiligen St. Katharina ist etwa 100 Jahre älter. Die Epitaphe in Chor und Langhaus sind aus nachreformatorischer Zeit, weitere sakrale Schätze sind der dreizehnseitige Taufstein von ca. 1450, der 1688 die farbigen Brustbilder von Jesus und den zwölf Aposteln erhielt, das barocke Kruzifix von 1739, die Kanzel von 1694 und ein erst 1961 freigelegtes Kreuzigungsfresko aus der Mitte des 16. Jahrhunderts. 1961 gestaltete der Haller Architekt *Eduard Krüger* den Innenraum um und ließ dabei das hölzerne Tonnengewölbe einziehen.

KATHARINENKIRCHE
Lange Straße 38
Telefon 0791/94674-120
Öffnungszeiten: Sa und So 13 – 17 Uhr, im Winter 14 – 16 Uhr

gangenen Jahren ist so ein neues, lebendiges Wohnquartier mit Läden, Galerien, Ateliers und Gastronomie entstanden. Die **Lange Straße** weist einige bemerkenswerte, zum Teil aus dem Mittelalter stammende Häuser auf, darunter das Geburtshaus des Schlachten- und Panoramenmalers *Louis Braun* (Nr. 20), wenige Meter entfernt erhebt sich die Stadtkirche St. Katharina (siehe Seite 69).

KATHARINENVORSTADT

Kleine Treppengassen führen auf der linken Seite immer wieder zur Mauerstraße und zum Kocher hinab. Zwischen Kirch- und Brüdergasse schlägt das kulturelle Herz des Viertels, entstand hier doch 2001 die

Kunsthalle Würth, die seit der Eröffnung zu einem wahren Magneten für Besucher aus nah und fern geworden ist (siehe Seite 74/75).

Hinter der Kunsthalle erhebt sich das stadtbildprägende Ziegelgebäude der 1903 erbauten ehemaligen Löwenbrauerei, das bis 1987 als **Sudhaus** genutzt und danach als Kulturforum mit Café betrieben wurde. Auch dieses Gebäude wurde von Würth erworben. So konnte eine unterirdische Verbindung zur Kunsthalle hergestellt und die Ausstellungsfläche von ursprünglich 2000 qm um weitere 650 qm erweitert sowie zusätzliche Nutzflächen gewonnen werden. Das Restaurant mit Hausbrauerei hat sich zu einem weiteren Anziehungspunkt im Umfeld der Kunsthalle entwickelt. Unvergleichlich ist der weite Blick von der Dachterrasse auf Schwäbisch Hall und das sich links und rechts entlang ziehende Kochertal.

Bei den Sanierungsarbeiten in diesem Quartier konnten zahlreiche Gebäude noch in das 14. und 15. Jahr-hundert datiert werden. So wurde das 1470 erbaute Häuschen **Lange Straße 49** als Außenstelle des Hällisch-Fränkischen Museums restauriert und seine Baugeschichte und die Lebensumstände der Bewohner mittels archäologischer Funde zugänglich gemacht.

Am Ende der Langen Straße erhebt sich rechts der mächtige Stumpf des **Pulverturms**, 1490 als Eckpfeiler der Stadtbefestigung erbaut, der als „großes Bollwerk" das zugemauerte Lullentor ersetzte. Im 19. Jahrhundert lagerten die Haller Kaufleute hier ihre Pulvervorräte. Im Februar 1945 wurde der Pulverturm bei einem Bombenangriff auf den nahe gelegenen Bahnhof zerstört und ist seither Ruine. Dahinter führt die Umgehungsstraße durch den Hirsch- oder Stadtgraben. Hier hat man beim Ausbau in den 1980er Jahren nicht nur die Stadtmauer sichtbar gemacht und sie in Teilen rekonstruiert, sondern auch mit modernen Stilelementen und Materialien wie Stahl und Beton verschwundene Türme, Eingangs- und Torsituationen angedeutet.

Beim Pulverturm führt die Zollhüttengasse abwärts zur Bahnhofstraße. Hier entstanden mit dem Anschluss an das Eisenbahnnetz seit 1862 zahlreiche repräsentative Bauten und Villen, die heute meist durch Behörden genutzt werden. Das moderne Gebäude der Agentur für Arbeit ist durch Aufzug und Steg direkt mit dem oberhalb gelegenen Bahnhof verbunden.

Am Gasthaus Kronprinz vorbei geht es durch die Straße Im Lindach wieder hinunter zum Kocher. Gegenüber erstreckt sich der Stadtpark **Ackeranlagen**, rechts, am Ende eines kleinen Platzes, steht der **Schafstall**, ein lang gestrecktes Fachwerkgebäude, das durch das kommunale Kino im Schafstall und durch Gerhards Marionettentheater genutzt wird. Schon 1782 hatte man hier ein „Comoedienhauß" eingerichtet, später befand sich hier das Stadttheater.

OLIVER STORZ

Als Oliver Storz (1929 – 2011) sich 2009 in das Goldene Buch der Stadt eintrug, sagte er: *Ich gehöre dazu. Ich bin schon mehr als zufrieden, dass ich für den Rest meiner Tage ein Haller bleiben darf.*
In Mannheim geboren, wuchs der Sohn des Lehrers, Schriftstellers und späteren Kultusministers von Baden-Württemberg, Gerhard Storz, in Schwäbisch Hall auf. 1944 mit 15 Jahren noch zum Volkssturm eingezogen, legte er nach seiner Heimkehr aus dem Krieg 1949 das Abitur ab und studierte in Tübingen u. a. Germanistik und Literatur. Nach einigen Jahren als Gymnasiallehrer und Theaterkritiker fand er zur Bavaria nach München. Seit 1976 prägte er als freier Schriftsteller und Regisseur das deutsche Fernsehen und erhielt alle nur denkbaren Preise und Auszeichnungen. In den Kleinstadtgeschichten *Musik auf dem Lande* (1980), *Der Sheriff von Linsenbach* (1984) und *Der Stadtbrand* (1985) ist Schwäbisch Hall nicht nur als Filmkulisse präsent, viel mehr wirft Storz in diesen satirischen Gesellschaftskomödien einen entlarvenden Blick auf das Hineinwirken der NS-Vergangenheit in ein bundesrepublikanisches Kleinstadtbürgertum.
Sein großes Thema, das Ende des Zweiten Weltkriegs, der Umbruch einer Zeit mit traumatischen Orientierungsverlusten, findet seinen Niederschlag in den Filmen *Drei Tage im April* (1994), *Gegen Ende der Nacht* (1998), *Drei Schwestern made in Germany* (2006) und seinem letzten Film *Die Frau, die im Wald verschwand* (2009).
Auch andere namhafte Regisseure haben die malerische Kulisse der Stadt und die des Freilandmuseums Wackershofen als Drehort entdeckt. Bereits 1944 taucht Schwäbisch Hall in der *Feuerzangenbowle* mit Heinz Rühmann auf, 2003 in *Das unbezähmbare Herz*, 2005 in *Margarete Steiff* und in *Schiller* mit Matthias Schweighöfer, 2005 in *Geschenk des Himmels*, 2011 in *Bertha Benz*, 2012 in *Die Heimkehr* und 2015 in *Elser*.

Eine gedeckte Holzbrücke führt hinter dem Kino Gloria über einen Seitenarm des Kochers auf den **Kleinen Unterwöhrd**, auf dem Minigolf gespielt und die Ruderboote der „Kocherflotte" gemietet werden können.

Zwischen dieser Insel und dem Theatersteg überquert eine aus wuchtigen Steinen erbaute Furt den Fluss. Bei der Landesgartenschau 1982 wurde diese Überquerung angelegt, die bei Hochwasser allerdings unpassierbar ist. Die damals künstlich in den Kocher versenkten Steinblöcke, über die das Wasser rauscht und sprudelt, ziehen Erwachsene und Kinder an warmen Tagen magisch an. Der Rundgang führt durch den Stadtpark und am Spielplatz auf dem Unterwöhrd vorbei zurück zum Haalplatz oder wieder Richtung Marktplatz.

GERHARDS MARIONETTENTHEATER

Die Marionettenbühne von Fritz Gerhards war bereits 1925 in Wuppertal mit dem klassischen Stück Doktor Faustus eröffnet worden. Als sein Theater 1943 zerstört wurde, suchte Gerhards ein neues „festes Haus" und kam nach Schwäbisch Hall, wo die jetzige Spielstätte *Im Schafstall* zum endgültigen Domizil werden konnte.

Gerhards Marionettentheater, zauberhafte Inszenierungen.
Im Lindach 9 (180 Plätze)
Spielplan und Reservierung: Telefon 0791/48536

KUNSTHALLE WÜRTH

Im Mai 2001 wurde die Kunsthalle Würth in Anwesenheit des damaligen Bundeskanzlers Gerhard Schröder und zahlreicher internationaler Künstler mit einem mehrtägigen Fest eingeweiht. Mit diesem „Zwilling" des 1991 in Künzelsau-Gaisbach eröffneten Museums hat der Unternehmer und Kunstmäzen Reinhold Würth seiner inzwischen auf über 18 000 Kunstwerke angewachsenen Sammlung moderner und zeitgenössischer Malerei, Skulptur und Grafik eine weiteres attraktives Ausstellungsforum geschaffen.

1996/97 war hier ein Parkhaus errichtet worden, dessen Einfahrt unauffällig in eines der alten Häuser an der Mauerstraße integriert wurde. Zahlreiche städtische Pläne für eine Nutzung des Parkhausdachs waren geschmiedet worden, keiner konnte jedoch realisiert werden. Nun wurde dieser „Deckel" dem Kunstsammler Würth angeboten, der 1997 einen Wettbewerb internationaler Architekten ins Leben rief. Der dänische Architekt *Henning Larsen* aus Kopenhagen gewann ihn mit überzeugendem Abstand. Larsen baute ein selbstbewusstes Gebäude in zeitgenössischer Formensprache im Zentrum mittelalterlicher Häuser, der Industriearchitektur der früheren Löwenbrauerei und dem neoromanischen Turm der Katharinenkirche, ohne diese Substanz in ihrer Geschlossenheit zu stören. Der zweiteilige Baukomplex, einzig in der süddeutschen Museumslandschaft, sollte ein *exquisites Netzwerk aus Stahl und Glas* sein, zu dem in wirkungsvollem Kontrast die partielle Verkleidung der Gebäude mit rohem Muschelkalk, dem Hauptgestein der Region, stehen sollte. Zusätzlich bezog Larsens Konzeption

auch einen großzügigen Platz mit ein, der sich durch eine vorgelagerte Glasfront mit unvergleichlichem Blick zur Haller Altstadt und ins Kochertal öffnet und damit eine Sichtbeziehung herstellt, die jeden Besucher begeistert. Die Ausstellungen basieren auf dem vielseitigen Bestand der **Sammlung Würth**; sie umfasst vorwiegend Skulpturen, Malerei und Grafik vom ausgehenden 19. Jahrhundert bis zur Gegenwart. *Alfred Hrdlicka* und *Robert Jacobsen, Picasso, Christo und Jeanne Claude, Anthony Caro*, aber auch die „klassische Moderne" mit Künstlern wie *Nolde, Kirchner, Beckmann, Liebermann, Munch* und *Max Ernst* sind eindrucksvoll in der Sammlung repräsentiert. Thematische Sammlungspräsentationen wechseln sich ab mit solchen, die das Werk Einzelner ins Visier nehmen. Die hochkarätigen Ausstellungen sind zu einem Anziehungspunkt für Kunstfreunde weit über die Region hinaus geworden.

Der Adolf-Würth-Saal bietet Platz für Rahmenveranstaltungen zu den Ausstellungen. Führungen und museumspädagogische Aktivitäten werden angeboten. Im Eingangsbereich lädt ein Café zum Verweilen und der Kunstshop zum Erwerb von Literatur, Sondereditionen namhafter Künstler oder originellen Kunstsouvenirs ein.

KUNSTHALLE WÜRTH
Lange Straße 35, 74523 Schwäbisch Hall
Telefon 0791 / 94672-0, www.kunst.wuerth.com
Öffnungszeiten: täglich 10 – 18 Uhr
Öffentliche Führungen: sonntags 11.30 Uhr und 14 Uhr

Eine Klosterfestung vor den Toren der Stadt

Urbanskirche, Oberlimpurg, Comburg und Kleincomburg, Jüdischer Friedhof und Ackeranlagen

Die Unterlimpurger Straße, erreichbar durch die Obere und Untere Herrngasse, zieht sich als Hauptachse durch das ehemalige limpurgische Gebiet bis nach Steinbach. 1541 wurde diese Vorstadt in das Stadtgebiet einbezogen. Nach der Brücke fällt am Haus Nr. 5 ein reich geschmücktes Barockportal auf, im Haus Nr. 7, dem „Berlinhaus",

wohnte Ende des 16. Jahrhunderts der Syndikus der Comburg und Verfasser des Faustbuchs, Georg Rudolf Widmann. Bei der Einmündung der Straße Am Schied steht links das 1515 errichtete turmartige, später mit einem Fachwerkaufsatz versehene limpurgische Zollhaus „Brestenfels".

Zum Limpurger Territorium gehörte auch die Kirche St. Maria, urkundlich *Kirche der heiligen Jungfrau unter dem Berg*. Durch eine falsch aufgelöste Abkürzung von „ecclesia s(ub) urb(ana)", das heißt Vorstadtkirche, wurde aus ihr im 16. Jahrhundert die **Urbanskirche**.

URBANSKIRCHE

Die 1230 begonnene Urbanskirche wurde 1250 um Chor und Turm erweitert, Letzterer erhielt 1698 einen Fachwerkaufsatz. Die spitzbogigen Chorfenster sind mit Figuren, Diamantenfriesen und den Christussymbolen Löwe und Fisch an den Simsen geschmückt. Das Westportal zeigt das Wappen Friedrichs I. von Limpurg und seiner Frau Susanna von Tierstein, die um 1430 das Kirchenschiff nach Norden vergrößern und später die südliche Seitenkapelle errichten ließen. Vom alten, noch ummauerten Kirchhof sind nur wenige Reste zu sehen.

Der Innenraum dieser kleinen Kirche strahlt in seiner noch weitgehenden Ursprünglichkeit eine besondere Atmosphäre aus. Der **Hochaltar**, vermutlich von Schenk Friedrich V. um 1460 gestiftet, wurde wahrscheinlich von einem hiesigen Handwerker geschnitzt. Im Zentrum stehen die Geburt Jesu, die Anbetung der Heiligen Drei Könige und die Beschneidung, darüber hütet ein Dudelsack spielender Schäfer am Fuße einer Burg seine Herde. Sechs der acht 1840 ans Landesmuseum in Stuttgart verkauften Seitenflügel kehrten inzwischen nach Hall zurück und sind im Hällisch-Fränkischen Museum ausgestellt. Die Reproduktionen zeigen u. a. Geburt, Verkündigung und Tod Marias, rechts den Evangelisten Johannes mit dem Adler sowie eine Schutzmantelmadonna. Taufstein, Wandtabernakel und Chorgestühl stammen aus der Gotik, die Kanzel ist spätgotisch.

Eine erste „Spitalempore" wurde 1450 eingezogen, 1614 erweitert und 1765 durch eine zweite „Militärempore" ergänzt.

Im 18. Jahrhundert war die Urbanskirche zeitweise „Garnisonskirche" für die Stadtsoldaten, im 19. Jh. für die Protestanten des auf der Comburg untergebrachten Württembergischen Ehreninvalidenkorps. Zahlreiche **Grab- und Gedenksteine** sind außen und auch in der Kirche zu sehen. Die des 1593 gestorbenen Philipp Keck zu Unterlimpurg und seiner Frau Maria Anna († 1614) und das älteste, das eines Herrn von Schauenburg von 1366, sind von besonderer Qualität. Die Schauenburgs stifteten gegen Ende des 14. Jahrhunderts das Fresko über dem Eingang zur Sakristei, das Maria mit dem Spinnrocken zeigt, flankiert vom Stifter, dem heiligen Josef und zwei Propheten. Eine Wappeninschrift am Haus links weist auf das limpurgische Spital von 1450 hin.

URBANSKIRCHE

Geöffnet 14-täglich an Gottesdienst-Sonntagen von 12 – 15 Uhr
Telefon 0791/94674-120, www.urbanskirche.de

Hinter der Kirche führt die steil eingeschnittene Badersklinge hinauf zur Kreuzäckersiedlung. Auf halber Höhe zweigt rechts ein kleiner Pfad ab zur **Ruine Oberlimpurg**. Der bequemere Weg dorthin führt an der Rückseite des Gasthauses Stern vorbei, dann geht es links zum ehemaligen Stammsitz der Schenken von Limpurg. Dieser war um 1230 erbaut worden und bis zum Erwerb durch die Stadt eine ständige Bedrohung, da im 13. Jahrhundert die Herren von Limpurg versuchten, sich die Herrschaft über Hall anzueignen.

Gleichwohl waren die Feinde wirtschaftlich aufeinander angewiesen: Die Haller Sieder brauchten das Holz aus den Limpurger Wäldern, die Schenken den Erlös daraus. Für 47 500 Gulden kaufte Hall 1541 den Ort Unterlimpurg mitsamt der Burganlage und ließ diese 1575 weitgehend abtragen. 1905 wurden die Mauerreste vom Historischen Verein für Württembergisch-Franken wieder freigelegt. Vom Bergsporn, der durch zwei etwa 80 m hohe Steilhänge gebildet wird, hat man einen weiten Blick auf das Kochertal und die Unterlimpurger Vorstadt.

Beim **Dieter Franck Haus** auf der Oberlimpurg, dem Nachlassmuseum des Malers *Dieter Franck*, befindet sich mit einem keltischen Abschnittswall das einzige sichtbare Zeugnis dieser Kultur.

Zurück auf der Unterlimpurger Straße, kommt man nach dem Gasthaus Stern am **Waller'schen Haus** (Nr. 65) vorbei. Seit 1721 existierte dort im Dachgeschoss ein Betraum, der von den ortsansässigen und den Juden aus dem benachbarten Steinbach benutzt wurde. Der damalige Besitzer Moses Mayer, auch Moses Seligmann genannt, ließ den in eine Männer- und Frauenabteilung geteilten Raum vom wandernden Maler *Eliezer Sussmann* aus Brod in Polen 1738/39 künstlerisch ausmalen. 1782 geriet Mayer Löw, der das Gebäude von seinem Schwiegervater gekauft hatte, in Konkurs. Das Haus wurde an einen Gläubiger verkauft und seither von Christen bewohnt. Die Wandverkleidung geriet glücklicherweise mehr oder weniger in Vergessenheit, bis sie 1907 vom Historischen Verein für 522 Reichsmark gekauft wurde.

Zudem war der Raum spätestens mit dem Bau der Synagoge in Steinbach und der Einrichtung des Betsaals in Hall 1893 überflüssig geworden.

Links vom Kocher geht die Unterlimpurger Straße bei den Stadtwerken über in das *Haalsteigle* nach Steinbach; dabei passiert man zunächst das spätere Zolltorhaus der Limpurger und dann das **Neustetter Tor**, eines der vier noch vorhandenen Tore, das sich zur gleichnamigen Straße öffnet. Unmittelbar hinter dem Tor links stand die Synagoge der Steinbacher Juden von 1809, die in der Reichspogromnacht (9./10. November 1938) angezündet wurde. Eine Gedenktafel an den noch vorhandenen, mit einem Wohnhaus überbauten Grundmauern erinnert an das einstige Gotteshaus der jüdischen Bevölkerung. In der Neustetter Straße – im Volksmund auch „Judengasse" genannt – waren die meisten der Comburger Schutzjuden seit 1699 ansässig; am Haus Nr. 24 kann man noch eine Mesusaritze erkennen. Unweit davon, in Haus Nr. 29, wurden vor wenigen Jahren bei Umbauarbeiten im Dachgeschoss bemalte Paneele entdeckt. Sie gehörten zur ehemaligen Zimmersynagoge in Steinbach und wurden um 1738 ebenfalls von *Eliezer Sussmann* farbig gefasst. Ein großer Teil der Wände wurde später

anderweitig verbaut, die Vertäfelung der Frauenseite ist jedoch weitgehend erhalten und wurde als *Steinbacher Frauenschul* in die Judaica-Abteilung des Hällisch-Fränkischen Museums integriert.

Das zum Kloster und späteren Ritterstift Comburg gehörende Dorf **Steinbach** war schon 1265 mit dem Marktrecht ausgestattet; in Teilen hat es seinen ursprünglichen Charakter bewahrt. So gibt es neben bescheidenen Vorstadthäusern auch repräsentative ehemalige Amts- und Beamtengebäude aus der Comburger Stiftszeit, wie zum Beispiel am Haus Neustetter Straße 7 durch das prächtig gestaltete Wappen zu erkennen ist. Im Stöckle heißt der Fußweg, der von dieser Straße aus links zum Großcomburger Weg hochsteigt.

Eindrucksvoll erhebt sich auf einem vom Urkocher gebildeten Umlaufberg das Ensemble der **Großcomburg**. Der Hauptzugang führt durch eine Lindenallee, man kann aber auch am Samenbau, ehemals Zehntscheuer des Klosters und heute Grundschule, zum Kloster hinaufgehen. In Sichtweite stößt man hinter einer Mauer verborgen auf den kleinen **Invalidenfriedhof**, der selbst nur wenigen Einheimischen bekannt ist. 1851/52 angelegt, wurden auf ihm bis 1905 Mitglieder des Königlich-Württembergischen Ehreninvalidenkorps begraben. Von 1817 bis 1909 war die Comburg Ruhesitz für bis zu 200 altgediente, kriegsverletzte Soldaten der württembergischen Armee, zumeist Veteranen der napoleonischen Kriege. Zahlreiche Grabsteine sind verwittert und zum Teil zerschlagen, nur noch wenige Inschriften sind lesbar. Dennoch herrscht eine besondere Atmosphäre an diesem Ort.

DIE GESCHICHTE DER COMBURG

Von einer geschlossenen Wehrmauer umgeben, bildet die ehemalige Burg- und Klosteranlage auf dem kegelförmigen Umlaufberg eine nahezu perfekte Einheit von Topografie und Architektur. Auf engem Raum drängen sich Kloster- und Stiftsgebäude aus acht Jahrhunderten um die weithin sichtbare Stiftskirche St. Nikolaus. Anfänglich wohl kein Ort des Mönchtums, war hier im 11. Jahrhundert eine befestigte Höhenburg durch die Grafen von Comburg-Rothenburg errichtet worden.

1078 gründete die letzte Generation dieser Familie, die Brüder Emehard, Burckard, Rugger und Heinrich, dort ein Benediktinerkloster im Geiste der cluniazensischen Reformbewegung. Burckard, durch eine Knochenerkrankung zunehmend behindert, betrieb die Klostergründung am intensivsten, glaubte er doch, dort als Mönch der Welt entfliehen zu können. Emehard, Bischof von Würzburg, unterstützte das Vorhaben nur wenig, während die Grafen Rugger und Heinrich die Verteidigung des Klosters und die Gerichtsbarkeit über dessen Untertanen übernahmen.

Die erste Klosterkirche St. Nikolaus war eine flache, doppelchörige Basilika im westlichen Teil der Burganlage. Neben Burckhard gehörten der Mainzer Ministeriale Wignand, der dem Kloster so viel Besitz zubrachte, dass auch er als Klosterstifter galt, und der viele Jahre als Abt wirkende Hartwig (1104–1139) zu den bedeutendsten Persönlichkeiten der Anfangszeit. Das Kloster wuchs rasch zu wirtschaftlicher und kultureller Bedeutung heran. So waren etwa 700 Bauerngüter in seinem Besitz, eigene Werkstätten schufen sakrale Kunstwerke, wahrscheinlich auch den einzigartigen Radleuchter und das Antependium.

Nach dem Aussterben der Grafenfamilie fiel der Besitz an die Staufer. 1141 hielt König Konrad III. sich hier auf und Kaiser Heinrich IV., 1190 mit etwa 4000 Rittern in Hall zu Besuch, wird möglicherweise auch auf der Comburg gewesen sein. 1216 wurde das Kloster dem Bischof von Würzburg unterstellt. Jahre des wirtschaftlichen Niedergangs minderten allmählich seine Bedeutung, Güter mussten verkauft werden und immer weniger Mönche traten der Klostergemeinschaft bei.

1488 wurde das Kloster in ein weltliches Chorherrenstift umgewandelt. Pröpste ersetzten die Äbte, statt schwarzer Mönchskutten belebten nun die weißen Chorhemden der Stiftsherren den Ort. Voraussetzung für den Eintritt in das Stift waren adlige Herkunft und Zugehörigkeit zum Klerus, allerdings ohne Notwendigkeit der Priesterweihe und Ehelosigkeit. Die Chorherren hatten Privatbesitz und Bedienstete und waren

nicht verpflichtet, ständig anwesend zu sein. Unberührt vom Einzug der Reformation im benachbarten Hall, blieb das Stift ein katholisches Bollwerk. Im 16. Jahrhundert veränderte Probst Erasmus Neustetter (1551–1559) durch Um- und Neubauten, die Gründung einer Akademie, Bibliothek und Kunstkammer das Klosterensemble, verstand es aber dennoch, seine Einheit zu bewahren. Propst Wilhelm Ulrich von Guttenberg (1695–1736) prägte die Comburg in ihrem heutigen Erscheinungsbild maßgeblich, indem er u. a. das Rokokopalais Neue Dekanei, vor allem aber die Stiftskirche in ihrer heutigen Gestalt errichten ließ.

1802/03 brachte Napoleons Politik nicht nur das Aus für die Reichsstadt Hall. Auch das Kloster wurde säkularisiert und kam zu Württemberg. Große Teile des Kirchenschatzes wurden umgehend in die Münze nach Ludwigsburg gebracht, wo wertvolle religiöse Gegenstände wie silberne und goldene Kelche, Monstranzen, Leuchter, Rauchfässer, sogar ein massiver silberner Hochaltar und eine goldene Muttergottes eingeschmolzen wurden. Radleuchter und Antependium, „nur" aus Goldblech, entgingen der Zerstörung. Als König Friedrichs Enkel die Comburg besuchte, vermisste er die großen Edelsteine auf dem Antependium. Er fragte den Mesner nach deren Verbleib. Dessen Antwort: *Majestät, Ihr Großvater selich hats gstouhle.*

Von 1817 bis 1909 konnten etwa 200 dienstunfähige Angehörige des Württembergischen Ehreninvalidenkorps mit ihren Familien den Lebensabend auf der Comburg verbringen. 1926 zog eine der ersten württembergischen Heimvolkshochschulen ein, die Ausbildung von Schreinern und Metallarbeitern wurde im Nationalsozialismus durch eine Bauhandwerkerschule fortgeführt. Auch die Haller Hitlerjugend, der Reichsarbeitsdienst, Kriegsgefangene und nach Kriegsende bis Frühjahr 1946 auch „Displaced Persons" wurden hier untergebracht. 1947 wurde die Akademie für Lehrerfortbildung gegründet, eine der ersten Einrichtungen dieser Art im neuen demokratischen Deutschland.

GROSSCOMBURG – EIN RUNDGANG

Der Eingang liegt an der Ostseite der fast 500 m langen und vollständig erhaltenen Ringmauer mit Türmen, Rondellen und dem begehbaren **Wehrgang**. Am mittleren Turm der zweiten Ringmauer, 1494 vom letzten Abt und zugleich ersten Propst des Stifts Comburg, Seyfried vom Holtz, angelegt, sind sein Wappen und das „Lecksfidle", eine Abwehrfigur gegen das Böse, zu entdecken. Das Vortor von 1710 mit dem Wappen derer von Guttenberg wird gefolgt von der Mauer und dem mittleren Torbau, 1560 von Propst Neustetter errichtet und mit dessen Wappen versehen. Er bildet zusammen mit den seitlichen Wehrmauern den Zwinger. Der von mächtigen Buckelquadern gesäumte Durchgang führt in die Bastei, deren Abschluss der romanische Torbau bildet, gekrönt von einer Zwerggalerie und der von zwei Türmchen flankierten

Michaelskapelle. Ein weiteres Tor führt in den Stiftshof. Die Rezeption für die Teilnehmer an Seminaren befindet sich in der **Alten Dekanei**. Hier können die Besucher während der Öffnungszeiten Erfrischungen erhalten und historische Exponate besichtigen.

Die **Neue Dekanei**, ein unvollendet gebliebener Barockbau (1732–1737), dient heute der Lehrerfortbildung. Ein Treppendurchgang mit spätromanischem Würfelmuster an der gewölbten Decke führt zum Sechseckbau der Staufer- oder **Erhards-**

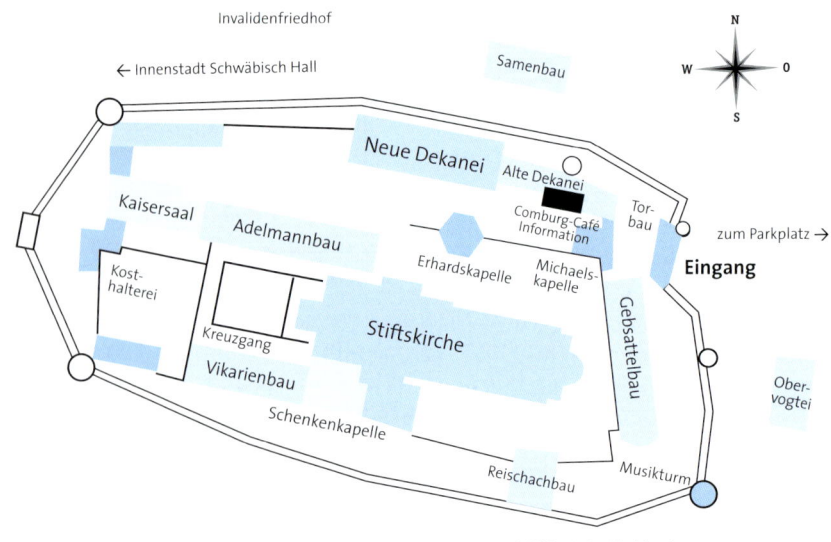

kapelle von 1230. Unterschiedliche Deutungen sehen in diesem Zentralbau eine Nachbildung des Heiligen Grabes, ein Baptisterium oder eine Totenkapelle für den ehemals nördlich der Kirche gelegenen Klosterfriedhof. An der Südwand entdeckt man Überreste von Fresken, auch das Gestaltungsmotiv der Zwerggalerie wird wieder aufgegriffen, später erneut im Kapitel- und im Kaisersaal. Das von einer Mittelsäule getragene sechsteilige Rippengewölbe wurde unter Erasmus Neustetter 1562 mit Fresken des Konstanzer Malers *Michel Viol* ausge-

schmückt. Unter seiner Renaissance-malerei wurde 1940 an der Altar-wand ein romanisches Fresko frei-gelegt und dabei fast völlig zerstört.

Auf der oberen Terrasse erfasst man die Ausmaße und den Reichtum der barocken **Stiftskirche** des Würzbur-ger Meisters *Joseph Greissing*. Sie wurde 1707 – 1715 anstelle der 1078 begonnenen und 1088 dem hl. Nikolaus geweihten Basilika erbaut, wo-bei die spätromanischen Osttürme in den Baukörper integriert wur-den. Ältester Bauteil sind die unteren vier Stockwerke des Westturms aus der Zeit um 1100, dessen Obergeschoss und Dach später aufgesetzt wurden. Mit 47 m ist dieser um fast fünf Meter höher als die Osttürme, die im unteren Teil von Barockfassaden ummantelt sind, deren reiche romanische Schmuckformen, Skulpturen und Dacherker gerade da-durch ihre Ausdruckskraft behalten haben.

Der barocke **Innenraum**, 65 m lang mit drei gleich hohen Schiffen, ist durch schlanke, mit plastischem Dekor verzierte, viereckige Pfeiler gegliedert. Die Wände sind weiß getüncht, die Deckenfelder schmucklos, nur die Vierungskuppel zeigt ein reiches Stuckdekor. In lebhaftem Kontrast dazu steht die üppige Ausstattung mit sakralen Kunstgegenständen, Altären, Epitaphien, der Kanzel, dem Chorgestühl und Orgelprospekt, dem prächtigen Hochgrab der Stifter und den bedeutendsten romanischen Kunstschätzen aus der Zeit des Abts Hartwig, dem Radleuchter und dem **Antependium**. Letzteres ist ein 78 cm hoher und 188 cm breiter Altarvorsatz, der aus einer mit vergoldetem Kupferblech verkleideten Holztafel besteht. Christus in der Mandorla, links und rechts umgeben von den zwölf Aposteln, wurde kunstvoll in das Metall getrieben und die Felder zwischen den Figuren durch Leisten mit Emailleornamenten und Edelsteinen abgetrennt.

Über dem Antependium hängt der vergoldete **Radleuchter**. Mit ca. 16 m Umfang und ca. 5 m Durchmesser nimmt er, verglichen mit den noch erhaltenen Exemplaren im Aachener Münster und im Hildesheimer Dom, den ersten Rang ein. Zwölf Türme unterbrechen den mit Lichtern bestecken Reif, in ihnen wird der Rat der Apostel dargestellt. Nicht weniger als 412 Figuren, die Heilige, Bischöfe, Märtyrer, Engel, Ritter, Jäger, Philosophen sowie allerlei Getier zeigen, stellen das himmlische Jerusalem mit seinen Mauern und Türmen dar. Dreimal im Jahr, an Heiligabend, an Silvester und in der Osternacht, wird der Leuchter an einem Seilzug herabgelassen und die Kerzen feierlich entzündet.

Das **Stiftergrab** im Chor, ein Steinsarkophag von etwa 1220 mit einer späteren Bemalung aus der Zeit von Propst Neustetter, enthält die Gebeine der Grafen Burckard und Heinrich, des Mitstifters Wignand von Kastel und des ersten Abts Hartwig. Während des barocken Umbaus versenkte man den Sarg im Boden, sodass die Deckplatte einen Teil des Fußbodens bildete. 1948 wurde er gehoben, dabei untersuchte man auch die Gebeine. 1971 konnte er an seinem ursprünglichen Platz im Ostchor wieder aufgestellt werden.

Zwischen 1713 und 1717 schuf der Würzburger Künstler *Balthasar Esterbauer* den **Hochaltar** mit Säulen, Baldachin und vergoldeten Schnitzfiguren, darunter der Ordensgründer Benedikt von Nursia und Kirchenpatron Nikolaus als Bischof. Auch das Chorgestühl aus Eichenholz und Alabaster sowie die ungewöhnlich ausgestaltete **Kanzel** mit den Figuren der sieben Todsünden auf dem Schalldeckel entstanden in der Werkstatt des Bildhauers. Ein weiteres Kleinod im Chor ist der **Peter-und-Pauls-Altar**, der von Veit Nagel aus Eltershofen gestiftet wurde. Die Alabasterreliefs stammen von *Michael Kern* aus Forchtenberg. Zwei Barockaltäre am Ende der Seitenschiffe wurden 1717 geweiht, die den Heiligen Anna und Nepomuk gewidmeten Altäre im Querschiff entstanden 1765. Die Epitaphien von Brigitta von Berlichingen (geb. von Vellberg) und Propst Neustetter, das Widmungsbild des Kleincomburger Hochaltars von 1648, die Orgel von 1697 und eine spätgotische Madonna auf der Mondsichel sind weitere Kunstwerke des reich ausgestatteten Münsters.

Vom ursprünglichen **Kreuzgang** ist nur der nördliche und südliche Teil erhalten, der westliche Teil, 1829 abgerissen, wurde 1965 rekonstruiert. Hier sind Grabplatten sowie Teile der Originalbauplastiken aufgestellt. Hinter dem Südflügel der Klausur verbirgt sich ein Kleinod der Romanik, der **Kapitelsaal**, der auch direkt von der Kirche aus betreten werden kann. Er diente der Besprechung von Klosterangelegenheiten, der Schlichtung von Streitfällen und der Belehrung der Mönche über die Ordensregeln. Die zum Teil farbig bemalten Deckenbalken stammen noch aus der Entstehungszeit des Klosters. Vom Vorraum durch eine Zwerggalerie getrennt, birgt der Saal, **Schenkenkapelle** genannt, neben dem steinernen Lesepult aus der Zeit Abt Hartwigs eine Vielzahl ausdrucksvoller Wappensteine und Grabdenkmale von Äbten, Pröpsten, Chorherren und Adeligen, vor allem auch der Schenken von Limpurg. Der älteste Grabstein, der des Konrad von Sulz, stammt aus dem frühen 13. Jahrhundert, weitere bedeutende Grabdenkmäler sind das von Schenk Georg I. von Limpurg (1436 – 1475), das des hl. Nikolaus oder das farbige Epitaph des letzten Abts und ersten Probsts Seifried vom Holtz, der 1504 starb. Nach Osten schließt sich die tiefer gelegene Josefskapelle mit Resten einer halbrunden Apsis an. Die Grabmäler von Schenk Friedrich V. († 1475) und seiner Gemahlin Susanna von Tierstein († 1468) sind besonders eindrucksvoll gestaltet.

Einige Gebäude auf der Comburg sind der Lehrerfortbildung vorbehalten und deshalb nicht zugänglich. Im **Adelmannbau** am Nordflügel der Klausur, durch den man auch in den Kreuzgang gelangt, waren früher die Klosterverwaltung, Räume für die Laienbrüder und die Klosterschule untergebracht. Klosterküche, Speisesaal und die Alte Abtei, die 1141 König Konrad III. beherbergte, schließen sich an. Hier

wurden 1964 die romanischen Arkadenfenster des **Kaisersaals** wieder freigelegt und ergänzt. Der mit Malereien von *Michel Viol* ausgeschmückte Raum wird heute wie die Stiftskirche auch für Konzerte genutzt. In der **Michaelskapelle** wurden bei den jüngsten Renovierungen Reste von Wandmalereien von der Romanik bis zur Renaissance freigelegt.

Von der Lindenallee geht rechts eine Treppe zum Parkplatz hinunter. Nach Überquerung der Hessentaler Straße führt ein schmaler Pfad über den Waschbach an Wiesen entlang zur Kleincomburg. Alternativ geht man direkt nach dem Ausgang rechts die mit Heiligenfiguren des 18. Jahrhunderts (Kopien) gesäumte **Bildersteige** nach Steinbach hinunter. Von dort führt der Kleincomburger Weg durch einen Torturm mit einer Kreuzigungsszene von 1586 zur Kleincomburg, die auf einer Anhöhe gegenüber der Großcomburg liegt.

GROSSCOMBURG

Die Kirche ist nur mit Kurzführung zu besichtigen:
1. April – 31. Oktober Di – Fr 11, 13, 14, 15, 16 Uhr
Sa/So/feiertags 14, 15, 16 Uhr
Im Winter nach Voranmeldung unter Telefon 0791/938185
Comburg-Café (Mo – Do 8 – 17 Uhr, Fr 8 – 13 Uhr)
Telefon 0791/93020-0
Außenanlagen und Wehrgang frei zugänglich.

KLEINCOMBURG

Obwohl sie mit ihrem bescheidenen Äußeren hinter dem unvergleichlichen Ensemble der Comburg zurücksteht, lohnt sich ein Besuch. Die Kleincomburg mit der Klosterkirche St. Ägidius – St. Gilgen – wurde der Überlieferung nach 1108 von Graf Heinrich gestiftet und in der großen Blütezeit unter Abt Hartwig 1120 fertiggestellt. Die dreischiffige, flach gedeckte Säulenbasilika mit Querschiff und einschiffigem Chor, in ihrer Schlichtheit und mathematischen Strenge dem Hirsauer Stil nachempfunden, ist seit ihrer Gründung nahezu unverfälscht erhalten geblieben. Der Turm über der Vierung allerdings wurde 1711 abgebrochen und erst 1972 bei der Restaurierung als kleiner Dachreiter wieder symbolisch hergestellt.

Massige Rundsäulen mit quadratischen Kapitellen trennen die Seitenschiffe vom Mittelschiff, dabei markieren die eckigen Pfeiler zum Chor hin die Grenze zwischen dem Raum für das Volk und dem Platz für die Klosterleute. Die Ausmalung des Chors entstand um 1120; sie verschwand um 1685 unter weißem Putz, als die Kirche barocke Veränderungen erfuhr. Zwischen 1877 und 1887 wurde die Kirche reromanisiert, die Fresken wurden freigelegt und in kräftiger Farbgebung eher kopiert und ergänzt als behutsam restauriert. In der Apsiskuppel steht Christus in der Mandorla, umgeben von Heiligen und den Evangelistensymbolen. Beiderseits des Mittelfensters sind griechische und lateinische Kirchenlehrer dargestellt. Darunter erkennt man Zinnen, aus denen als Halbfiguren abgebildete Heilige blicken. Ein seltenes Thema, Christus in der Kelter, ist an zentraler Stelle im Tonnengewölbe zu finden. Links und rechts in den seitlichen Gewölbefeldern stehen je sechs Apostel, unter diesen je ein Prophet. Den Abschluss bilden Reste von Jagdszenen, ein Hinweis auf die Legende des heiligen Ägidius.

Auch im Langhaus zeigen beispielhaft eine Säule und ein Bogen noch die Bemalung des 19. Jahrhunderts auf, die übrigen wurde 1970 entfernt. Das große Gemälde des barocken Altars fand in der Stiftskirche der Comburg einen neuen Platz, zwei andere Altargemälde hängen im südlichen Querhaus der Kirche St. Ägidius. Das um 1520 entstandene Kruzifix ist das älteste dort erhaltene Kunstwerk. Eine erste Nutzung des Klosters durch einen Frauenkonvent für nur kurze Zeit wird vermutet; seit dem 13. Jahrhundert diente die Anlage lange Jahre als Propstei der

Verwaltung der Besitzungen der Comburg. 1673 war sie Spital oder Pfründehaus für arme Frauen, bereits 1684 zogen während der Gegenreformation Kapuzinermönche ein, um in den Dörfern, die noch der Comburg gehörten, zu missionieren. 1713 wurde ihre Niederlassung zum Kloster erweitert, mittelalterliche Profanbauten abgerissen und das zweistöckige, dreiflügelige Gebäude mit 14 Zellen durch Baumeister *Joseph Greissing* errichtet. Die Säkularisation 1802 bedeutete das Ende des Klosters, wechselnde Nutzungen verhinderten dann den bereits geplanten Abriss. 1849–1872 war die Kleincomburg Sitz von Franziskanerinnen, 1877 erwarb der Staat Kirche, Nebengebäude, die umliegenden Wiesen und Nutzflächen. Sie werden durch den offenen Vollzug der Justizvollzugsanstalt Schwäbisch Hall landwirtschaftlich genutzt. An den landwirtschaftlichen Einrichtungen vorbei führt der Weg auf die Höhe. Nach wenigen Metern hat man einen beeindruckenden Blick auf Steinbach mit der Großen und Kleinen Comburg.

Wieder zurück in Steinbach, stößt man am Ortsausgang Richtung Hall auf die romanische Pfarrkirche **St. Johannes Baptist**. Sie thront auf einem Tufffelsen an der Einmündung des Waschbachs in den Kocher. Ursprünglich die Mutterkirche von St. Michael, wurde sie um 1100 im romanischen Stil erbaut, später partiell barockisiert. So umschließt ein Portal von 1717 den ummauerten Kirchhof, der romanische Vierungsturm wurde durch eine Fachwerkhaube verändert.

Nach der Kocherbrücke sieht man auf der linken Straßenseite den **Friedhof**. Seine Kapelle wurde Ende des 17. Jahrhunderts in Form des Heiligen Grabes errichtet, im Inneren befindet sich eine zeitgenössische Altargestaltung der Künstlerin *Gerda Bier*. Wenige Meter weiter erstreckt sich an steilem Hang der 1811 angelegte **Jüdische Friedhof**. Aron Herz, der Initiator der Steinbacher Synagoge, hatte auch das Gelände für einen eigenen Friedhof erworben, musste man doch bis dahin die Toten ins 50 km entfernte bayerische Schopfloch oder nach Braunsbach überführen. Im Nationalsozialismus wurde der Friedhof geschändet, viele Grabsteine dienten der Comburger Bildhauerschule als Übungs-

MOSES HERZ

Wo heute am Haalplatz das nüchterne Nachkriegsgebäude der Südwestbank steht, befand sich von 1890 bis 1937 das Textil- und Kurzwarengeschäft von Heinrich und Moses Herz. Deren Vorfahren gehörten seit 1688 zu den ersten Schutzjuden in Hall, erwarben das „Waller'sche

Haus" in Unterlimpurg und ließen die dortige Synagoge von *Eliezer Sussmann* ausmalen. Aaron Herz, der Urgroßvater von Moses Herz, war Mitbegründer der Steinbacher Synagoge und kaufte auch das Grundstück für den jüdischen Friedhof. 1867 zog die Familie nach Hall und eröffnete in der Haalstraße 1 eine Zigarren- und Kurzwarenhandlung, bis Heinrich Herz, angesehener Bürger und Stadtrat, das Geschäft in die Schwatzbühlgasse 20 und 20a verlegte. Moses Herz, am 23. März 1878 als ältestes von sechs Kindern geboren, trat nach Schulzeit in Hall und Lehrzeit in Frankfurt in das väterliche Geschäft ein, übernahm es 1904 und heiratete Katinka Stein. Nach dem Tod ihres Bruders wurden dessen Kinder Ruth und Esra an Kindes statt aufgenommen. Moses Herz war ein erfolgreicher, wohltätiger und geachteter Geschäftsmann und als orthodoxer Jude auch eine religiöse Autorität. Seit 1919 Vorsteher der jüdischen Gemeinde, gehörte er ab 1924 auch dem israelitischen Oberrat für Württemberg an. Der Boykott jüdischer Geschäfte zwang ihn 1937 das Geschäft aufzugeben und das Haus zu verkaufen. In der Reichspogromnacht 1938 wurden die Wohnung und der kleine Laden in der Haalstraße 1, in dem er sich mit dem Handel von Kurz- und Wollwaren über Wasser hielt, verwüstet. Möbel und Geschirr wurden zertrümmert, eine wertvolle Briefmarkensammlung, die Bibliothek seines Vaters sowie zwei Thorarollen auf dem Marktplatz verbrannt. In letzter Sekunde konnte er vor dem SA-Mob zu seiner Pflegetochter nach Heilbronn fliehen und emigrierte im August 1939 nach England. Während des Krieges wurde er als „feindlicher Ausländer" bis Oktober 1941 interniert, und half nach seiner Entlassung, Juden aus Nazideutschland zu fliehen. Bis zu seinem Tode am 30. März 1953 lebte er, inzwischen britischer Staatsbürger, unter ärmlichen Bedingungen in London. Dort ist er auf dem jüdischen Friedhof in Enfield beigesetzt. Seine Frau Katinka war schon am 31. Oktober 1931 gestorben, ihr Grabstein ist auf dem Steinbacher Friedhof erhalten.

material, weitere wurden zur Sicherung eines Luftschutzkellers verwendet. Auf diesem Friedhof wurden auch die etwa 185 im KZ Hessental umgekommenen jüdischen Häftlinge in zwei Massengräbern beigesetzt. Nach dem Krieg wurde der Friedhof eingezäunt, die verbliebenen Grabsteine aufgestellt, wobei nur noch etwa die Hälfte von über 200 Grabsteinen ganz oder in Trümmern erhalten war. Jüdische Überlebende errichteten 1947 ein Mahnmal, 2000 wurde im Beisein der ehemaligen jüdischen Bürgerinnen und Bürger von Hall ein Gedenkstein enthüllt. Einige Grabsteine weisen typisch hebräische Symbole wie segnende Hände, Schofarhorn, aufgeschlagenes Buch, Beschneidemesser und Davidstern auf. Von besonderer Bedeutung ist der Grabstein des Aaron

Herz, zeigt er doch die Steinbacher Synagoge, von der durch die Zerstörung in der Reichspogromnacht heute nur noch wenige Grundmauern existieren.

Durch das Grüngelände gegenüber kommt man über einen hölzernen Steg an den Stadtwerken vorbei in die **Ackeranlagen**, den Stadtpark, der sich mit seinem alten Baumbestand am Fluss entlangzieht. Der Moses-Herz-Weg führt am ehemaligen Schießhaus der Armbrust- und Büchsenschützen von 1828, dem heutigen Anlagencafé, vorbei über die Epinalbrücke zurück in die Innenstadt. Die Brücke wurde anstelle eines Kettenstegs errichtet, der 1954 während des Sommernachtsfests wegen Überlastung brach, in den Kocher stürzte und zwei Menschen mit in den Tod riss. Mit Blick auf die malerische Altstadtkulisse geht es über den Steinernen Steg zurück zum Marktplatz.

Literatur Lipp. Heinrich Kohring, Marion Reuter,
Der jüdische Friedhof in Schwäbisch Hall-Steinbach

AUSFLÜGE IN DIE NAHE UMGEBUNG

Einkorn

Von Steinbach fährt man Richtung Hessental bis zum Kreisverkehr, dort Richtung Einkorn. Er ist mit 510 m die höchste Erhebung der Stadt und beliebtes Nahausflugsziel der Haller Bevölkerung. Weithin sichtbar ist der 30 m hohe Aussichtsturm, der bei klarer Sicht einen weiten Rundblick gewährt. Er wurde 1892 in die Ruine der ehemaligen Wallfahrtskirche zu den 14 Nothelfern integriert, die, 1710 bis 1716 vom Comburger Baumeister *Joseph Greissing* errichtet, 1814 durch einen Blitzschlag zerstört wurde. Das 1745 erbaute Mesnerhaus mit dem

Wappen des Dekans von Erthal zu Comburg ist heute Schwäbisch Halls höchstgelegenes Gasthaus.

Vom Haller Hausberg aus gibt es zahlreiche Spazier- und Wandermöglichkeiten. Drachenflieger, Hängegleiter, Modellflugzeuge und Papierdrachen starten von der Hochfläche, Grillplätze, ein Spielplatz, Stationen des geologischen Lehrpfads, Hügelgräber und Hinweise auf steinzeitliche Funde im Wald sorgen für Abwechslung und Erholung pur. Wer am Bahnhof Hessental sein Auto abstellt, kann über die Einkornallee auch zum Einkorn wandern.

KZ-Gedenkstätte Hessental

Am 5. April 2001 wurde auf dem Gelände des ehemaligen KZ Hessental, direkt neben dem Bahnhof, eine Gedenkstätte eröffnet. Eingeschotterte Barackengrundflächen dokumentieren die Ausdehnung des Lagers; Text- und Bildtafeln informieren über das Lagerleben und der originale Güterwaggon aus der Zeit um 1930/40 birgt eine Ausstellung zum „Hessentaler Todesmarsch". Holzstelen nehmen auf kleinen Plaketten die Namen der Opfer auf.

Das Konzentrationslager wurde von Oktober 1944 bis April 1945 als Außenlager des KZ Natzweiler-Struthof im Elsass betrieben. Rund 900 jüdische Häftlinge mussten auf dem Fliegerhorst Hessental Aufräumungsarbeiten leisten, um dessen Betrieb und die Produktion

des Strahljägers Messerschmidt Me 262 aufrechtzuerhalten, der als eine der „Wunderwaffen" Hitlers eine Wende im Krieg erzielen sollte. Außerdem wurden die Häftlinge in landwirtschaftlichen und gewerb-

lichen Betrieben sowie bei der Stadt Hall beschäftigt. Viele von ihnen kamen durch Misshandlung, Krankheit, Hunger und Mord ums Leben. Sie sind in zwei Massengräbern auf dem Jüdischen Friedhof in Steinbach begraben. Am 5. April 1945 wurde das Lager evakuiert und die Häftlinge auf den Todesmarsch nach Dachau-Allach geschickt. Dabei kamen mindestens 150 von ihnen ums Leben.

Das Gelände der Gedenkstätte ist frei zugänglich, an den Wochenenden ist der Waggon meist geöffnet; nach Vereinbarung finden dort auch Führungen durch die Initiative KZ-Gedenkstätte Hessental e.V. statt.

Starkholzbacher See

Ruhig und idyllisch liegt der See inmitten von Feldern und Wiesen am Fuß des Mainhardter Walds unweit des Schwäbisch Haller Teilorts Bibersfeld. Bereits im Mittelalter wurde das Gewässer künstlich aufgestaut, vom nahe gelegenen Kloster Comburg als Fischteich genutzt und schließlich Ende des 19. Jahrhunderts abgelassen. Erst im Rahmen der Flurbereinigung in den 1970er Jahren entschied man sich, ihn als Naherholungsgebiet und gleichzeitiges Naturschutzgebiet wieder anzulegen. Vor einigen Jahren grundlegend saniert, ist der See mit Badestegen, Liegewiese und Grillplatz und der nahe gelegenen Gaststätte *Gipsmühle* mit ihrem Biergarten ein in jeder Jahreszeit beliebtes Ausflugsziel.

HOHENLOHER FREILANDMUSEUM

Eine Zeitreise besonderer Art bietet der Besuch des Hohenloher Freilandmuseums Wackershofen. Wenige Kilometer mit dem Pkw Richtung Stuttgart, geht es rechts ab auf die Westumgehung, nach ca. 6 km erreicht man das Museumsdorf, das in einer hügeligen Landschaft am Fuß der Waldenburger Berge liegt. In Nachbarschaft zum Dorf Wackershofen wurden seit 1979 über 70 Gebäude aus den Dörfern Hohenlohes, dem Tauberland, dem Raum Heilbronn und den Schwäbisch-Fränkischen Waldbergen am ursprünglichen Standort abgebaut, meist komplett umgesetzt (transloziert) und in fünf Baugruppen zusammengestellt. Sie zeigen die Kulturgeschichte, das Leben und Arbei-

ten der ländlichen Bevölkerung vom Mittelalter bis in die Mitte des 20. Jahrhunderts.

Mittelpunkt des Ensembles ist das **Hohenloher Dorf** mit Häusern der großbäuerlichen Oberschicht wie das Haus Frank mit dem Dachreiter oder das Haus Weidner. Ebenso vertreten sind aber auch Häuser von Dorfhandwerkern, von kleinbäuerlichen Seldnern, Tagelöhnern und Armen. Auch ein Gasthaus mit Kegelbahn und Tanzhaus, eine Schule, ein Dorfarrest, zahlreiche Nebengebäude wie Ställe, Schafscheuer, Backhäuschen, Schmiede, Darre und Bienenstand, Dorfteich, Brunnen und Hausgärten spiegeln die Infrastruktur früherer Dörfer wider. Im Dorfladen gibt es neben Lebensmitteln – zum Teil aus museumseigener Produktion – Souvenirs und Gebrauchsgüter der „guten alten Zeit". Eine mächtige Kelter prägt die **Hauslandschaft der Weinbauern**, wochenends lädt eine „Besenwirtschaft" zum Vespern ein und ein Schauweinberg zeigt die Arbeit der Weinbauern durch das Jahr.

Vom **Mühlental** mit einer Getreide- und einer Sägmühle geht es zur **Baugruppe der Waldbauern** mit Forsthaus, bewirtschaftetem Sommerkeller, einer Kapelle und dem „Käshof" mit seiner bewegten Vergangenheit. Beim Bahnhof Kupferzell von 1892, offizieller Haltepunkt der Deutschen Bahn, erhebt sich ein mächtiges Getreidelagerhaus. Eine Holzlagerhalle beherbergt Teile des Feuerwehrmuseums, aber auch eine Reichsarbeitsdienstbaracke von 1943 gehört zum Ensemble der **Baugruppe Technik**. Dieses „Fliegende Bauwerk" vom Typ RL IV/3 war bis zur letzten Schraube durchnormiert und fand vielfache Verwendung in Reichsarbeitsdienstlagern, aber auch wie hier in der ehemaligen Zwangsarbeiterunterkunft der Fassfabrik Kurz in Hessental.

Alle Gebäude wurden mit originalen Einrichtungs- und Gebrauchsgegenständen ausgestattet, in manchen Häusern werden historische Bautechniken gezeigt, in anderen gibt es thematische Wechselausstellungen. Alte Haustierrassen wie das Limpurger Rind, Gänse, Schafe und Ziegen sorgen wie in einem richtigen Dorf für Leben und echte Misthaufen. Die „Stars" im Freigelände und in einem modernen Freiluftstall sind die schwarz-rosa gefleckten Schwäbisch-Hällischen Landschweine – die „Mohrenköpfle" – die, vor mehr als 20 Jahren beinahe ausgestorben, in  Hohenlohe eine bemerkenswerte Renaissance erlebt haben. Im großzügig dimensionierten Gelände werden alte Getreide- und Obstsorten kultiviert, bei zahlreichen, jahreszeitlich abgestimmten Aktionstagen werden Leben und Arbeit sowie die oft vergessenen Bräuche der Bauern wieder lebendig. Alte Rezepte werden in den Bauernküchen ge-

DER KÄSHOF IM FREILANDMUSEUM
1991 wurde der über 400 Jahre alte Käshof im Weiler Käsbach bei Weippertshofen abgebaut. Er vermittelt einen besonderen Aspekt bäuerlicher Geschichte in der Zeit des Nationalsozialismus. Dort hatten im Winter 1944/45 ein jüdischer Mann und seine „halbjüdische" Tochter aus Augsburg sowie ein Deserteur der Wehrmacht Unterschlupf gefunden. Die abgelegene Lage des Hofs und der persönliche Mut der Bauersleute rettete diesen Menschen das Leben. Der im Juli 2001 der Öffentlichkeit übergebene Hof ist in dem Zustand, wie er sich etwa 1940 darbot. In den einzelnen Räumen werden die dramatischen Geschehnisse auf dem Käshof in den letzten Wochen des Zweiten Weltkriegs bis zum Einmarsch der Amerikaner durch Ton- und Bilddokumente erlebbar.

kocht, an Handwerkertagen Körbe geflochten, die Schmiede wird beheizt, Flachs wird geerntet und zu Leinen verarbeitet, es wird gepflügt, gesät, geerntet und schließlich kann man im November an einem echten Schlachtfest teilnehmen.

Beim **Süddeutschen Käsemarkt** im Mai bieten regionale Käsereien aus ganz Deutschland, Österreich, der Schweiz, Italien und Frankreich ihre selbst hergestellten Produkte an, dazu gibt es Weine verschiedener Genossenschaften und eine Vielzahl besonderer Lebensmittel direkt von den Erzeugern zu kosten und zu kaufen. Höhepunkt im Jahreslauf ist das **Backofenfest**, das am letzten Septemberwochenende stattfindet: Auf dem Dorfplatz bietet ein Bauernmarkt Waren an, die es schon zu Zeiten unserer Vorfahren gab, auf dem gesamten Museumsgelände kann man regionale Spezialitäten genießen: ob Rosenküchle, Flachswickel, Kutteln oder Grünkernküchle, süße und salzige Kuchen („Blooz") aus dem Backofen, Ochs vom Spieß oder frisch gepresster Most. Jungtiere der seltenen Limpurger Rasse werden prämiert, Musikkapellen, Trachtentänze, Gaukler, ein altes Dampfkarussell und andere Attraktionen der „guten alten Zeit" sorgen für Unterhaltung.

HOHENLOHER FREILANDMUSEUM WACKERSHOFEN
Telefon 0791/97101-0, www.wackershofen.de
Buslinie 7, eigene DB-Bahnstation Wackershofen
Öffnungszeiten 15. März – 8. November Di – So 10 – 17 Uhr,
Mai – September täglich 9 – 18 Uhr

Haller Feuerwehrmuseum
Ripperg 3, Telefon 0791/9782140, geöffnet 1. So/Monat 11–16 Uhr,
im Freilandmuseum Wackershofen befindet sich eine Außenstelle.

RUND UM SCHWÄBISCH HALL

Untermünkheim ↗ 5 km
Rößler-Museum (Bauernmöbel)

Vellberg ↗ 10 km
Mittelalterliche Feste mit Stadtmauern, Toren, Türmen, Bastio-
nen und unterirdischen Wehr-
gängen, St. Martinskirche auf der
Stöckenburg (7. Jh.), Schloss, Na-
tur- und Heimatmuseum.

Braunsbach ↗ 12 km
Schloss (um 1250), jüdischer
Friedhof, Rabbinatsmuseum, Ko-
chertalbrücke (185 m hoch, 1128 m
lang, höchste Talbrücke Deutschlands), Museum für Brückenbau-
technik und Urlurchfunde.

Gaildorf ↗ 12 km
Altes Schloss – ehemalige Residenz
der Schenken von Limpurg, Neues
Schloss, Stadtkirche (1518), Stadtmuseum, Kernerturm.

Mainhardt ↗ 16 km
„Schlössle" mit Römermuseum,
Limeslehrpfad, Pahl-Museum.

Waldenburg ↗ 20 km
Historische Altstadt auf dem „Bal-
kon Hohenlohes", Schloss, Siegel-
museum, Urweltmuseum, Stadtbefestigung.

Neuenstein ↗ 22 km
Schloss – ehemalige Wasserburg,
1560 zur Renaissanceresidenz umgebaut, Schlossmuseum, reiche
Innenausstattung und eine der
größten spätmittelalterlichen Kü-
chen Europas.

Öhringen ↗ 28 km
Residenzschloss (17. Jh.), Markt-
platz, spätgotische Stiftskirche,
Altes Rathaus, Hofgarten, Stadt

befestigung, jüdischer Friedhof,
Turmmuseum, Weygangmuseum
mit Zinn- und Fayencensammlung
Zinngießerei und Römerfunden.

Künzelsau ↗ 28 km
Altes Rathaus, Schloss von 1679,
Johanneskirche, Mustangmuseum,
Stadtmuseum, Hirschwirtscheuer,
Kulturhaus, Museum Würth (mit
Schraubenmuseum) und Carmen
Würth Forum. Sitz der Kulturstif-
tung Hohenlohe.

Langenburg ↗ 29 km
Schloss mit Renaissanceinnenhof,
Barockgarten, Schlossmuseum,
Automuseum mit ca. 80 Oldti-
mern, Stadtkirche, Kletterpark,
Archenbrücke und Dorfkirche mit
Fresken in Bächlingen, Krypta aus
der Ottonenzeit in Unterregen-
bach, Grabungsmuseum.

Kirchberg ↗ 32 km
Schloss, historische Altstadt mit
Schlossgarten und Orangerie, Alter Friedhof, Stadtkirche im Art-
déco-Stil, Sandel's ches Museum,
Jugendstilkirche in Gaggstatt, Ni-
kolauskirche mit Fresken Mistlau.

Crailsheim ↗ 37 km
Johanneskirche, Stadtmuseum im
Spital zum Hl. Geist, Ehrenfriedhof
mit Gottesackerkapelle, Jüdischer
Friedhof, Wasserturm von 1912.

STADTFESTE

Hallia Venezia

Was im Jahr 2000 als stilles, unkommerzielles Maskenspiel begann, hat sich längst etabliert und zieht jedes Jahr *acht Tage vor Rosenmontag* Tausende von Besuchern in seinen Bann. Organisiert vom Verein *Hallia Venezia*, präsentieren sich zahlreiche Menschen in ihren selbst entwor-

fenen, liebevoll gefertigten farbenfrohen und fantasievollen Masken und Kostümen im Stil des venezianischen Karnevals in den Gassen der Stadt.

Kuchen- und Brunnenfest

Jeweils an *Pfingsten* findet das Fest der *Haller Salzsieder* statt. Der Ablauf orientiert sich an einer über 200 Jahre alten Festordnung. Es beginnt am Samstagabend mit dem feierlichen Zug des Großen Siedershofs durch die Innenstadt und stimmungsvollen Fackeltänzen auf dem Marktplatz. Am Sonntag wird die Bevölkerung durch Böllerschüsse geweckt, die Sieder marschieren mit Pfeifen, Trommeln und Trompeten zum Festgottesdienst in die Kirche St. Michael. Auf dem Marktplatz erbitten sie dann in feierlicher Zeremonie vom Magistrat die Genehmigung ihres Festes, begleitet von deftigen Sprüchen, der Präsentation des Siederskuchens und kräftigen Gewehrsalven der Schützenkompanie. Mittelalterliche Markt- und Gerichtsszenen umrahmen den Ablauf. Mit der Taufe der Jungsieder am Marktbrunnen beginnt der Nachmittag, anschließend führt der Brunnenzug durch die Stadt zum Grasbödele. Wie in alter Zeit wird dort vor der malerischen Kulisse der Altstadt Salz gesotten und als Höhepunkt der Mühlenbrand dramatisch mit Feuer und Rauch inszeniert. Die Tänze der Sieder, ihr fröhliches Lagerleben, derbe Trinksprüche, belohnt durch einen kräftigen Schluck aus dem Siedersgockel, unterhalten das Publikum bis zum Abend, dann klingt der Tag mit einem gemeinsamen Tanz des Kleinen- und Großen Siedershofs aus. Auch am Pfingstmontag führen die Sieder ihre Tänze auf dem Grasbödele und zum Abschluss auf dem Marktplatz auf.

Jakobimarkt

Der bis ins Mittelalter zurückgehende Markt findet um den 25. Juli, dem Todestag des hl. Jakobus, statt. Ein großer Rummelplatz mit Fahrgeschäften aller Art, einem Bierzelt und den üblichen Attraktionen eines Festplatzes erstreckt sich auf dem Gelände der Kocherwiesen zu Füßen der Comburg. Parallel dazu erstreckt sich in der Stadt auf dem Haalplatz und in den umliegenden Straßen der eigentliche Jakobimarkt, ein Krämermarkt mit vielseitigem Warenangebot.

Sommernachtsfest

Gegen Ende der Festspielsaison wird beim romantischen Sommernachtsfest um den 25. August der Stadtpark mit zehntausenden Lichterbechern und Lampions illuminiert. Mehrere Livebands spielen an verschiedenen Stellen, die Sieder führen traditionelle Tänze bei Fackelschein auf, ein großes Feuerwerk ist der Höhepunkt des Abends. Auf dem Haalplatz bietet ein Vergnügungspark zusätzliche Attraktionen an.

Internationales Vorderladerschießen

Anfang September ist die Schießanlage auf dem Hasenbühl Schauplatz eines Wettkampfs der Schwarzpulverfreunde, zu dem Teilnehmer aus Deutschland und dem benachbarten Europa kommen. Es sind leidenschaftliche Westernfans, die nicht nur in stilechten Indianertipis wohnen und mit authentischen Feuerwaffen um Punkte kämpfen, sondern auch in originalen Indianer-, Cowboy- und Trapperkostümen auftreten.

Freundschaftstag

Auf dem Marktplatz treffen sich um den 16. September im Zeichen des guten Miteinanders und der Toleranz Einheimische mit ihren ausländischen Mitbürgern bei Musik, Tanz und kulinarischen Spezialitäten.

Backofenfest im Freilandmuseum Wackershofen siehe Seite 98.

SPORT- UND FREIZEITMÖGLICHKEITEN

Freizeitbad Schenkensee

Schenkenseestr. 76
Telefon 0791/401-281
Sport- und Erlebnisbecken,
Reifenrutsche, Black-Hole-
Rutsche, Kleinkinderbereich mit
Piratenschiff, beheiztes Außen-
becken, Warmbad, Dampfbad,
Ruhebereich.
Ganzjährig geöffnet.

Freibad Schenkensee

Telefon 0791/401-286
50-m-Becken, Nichtschwimmer-
und Planschbecken, Wassertem-
peratur 24°C (beheizt), Rutsch-
bahn 65 m, große Liegewiese mit
altem Baumbestand, Spielplatz,
Sprungturm bis 10 m, Beach-
volleyball. Mai bis September.

Solebad

Weilerwiese 7
Telefon 0791/7587-130
Sole-Hallen-Bewegungsbad 32°C,
Sole-Freischwimmbecken 29°C,
Massage, Sitz-Sprudelbecken
34°C, Kneippbecken, Solarium.

Saunalandschaft

· Freizeitbad Schenkensee
  Schenkenseestr. 76
· Solebad
  Weilerwiese 7

Badminton, Squash, Tennis

· Tennisanlage Teurershof
  Telefon 0791/8384
· Tennisclub Schwäbisch Hall
  Telefon 0791/48919

Golf

Golfclub Schwäbisch Hall
Schwäbisch Hall-Dörrenzimmern
Telefon 07907/8190
18-Loch-Golfplatz und 6-Loch-
Übungsplatz

Flugsport

· Adolf Würth Airport Hessental
  zugelassen für IFR und VFR
  Flugbetrieb
· Flugplatz Weckrieden
· Heißluftballonfahrten
  SG Ballonteam
  Telefon 0172 7213710
· Fallschirm-/Tandemspringen
  Telefon 0791/490066
· Drachen-/Gleitschirmfliegen
  Hängergleiterclub
  Telefon 07903/94038

Minigolf + Ruderboote

Im Lindach
Telefon 0791/9910941
Anlage mit 12 Bahnen, Garten-
schach, Tischtennis, Biergarten
und Ruderbootverleih auf der
Kocherinsel.
Geöffnet Mo–Sa ab 13 Uhr
So+Feiertag ab 11 Uhr

Radfahren

Halbtägige Radrundtouren ab/
bis Stadtzentrum: ein Set mit
drei Touren ist in der Tourist
Information erhältlich.
· Kocher-Jagst-Radweg (ADFC-
  Qualitätsroute), Bühlertour u. a.

Fahrradverleih und E-Bike

Vorbestellung wird empfohlen.
· 2-Rad-Zügel + Servicestation
  Johanniterstr. 55
  Telefon 0791/97140-0

Reiten

Reit- und Fahrverein
Reiterhof: Breiteichstr. 95
Telefon 0791/8370
2 Hallen-, 2 Außenreitplätze

Schießen

Schützengilde Schwäbisch Hall
Schießstand Hasenbühl
Telefon 07907/9433944
Bogenschießen, Vorderlader-
schießen, Gewehr, Luftpistole

Wandern

250 km markierte Wanderwege
rund um Schwäbisch Hall, Feuer-
stellen, Spazierwege mit Schutz-
hütten, Wanderparkplätze.
Kartenset mit sechs Rund-
wanderungen ab Stadtzentrum
ist in der Tourist Information
erhältlich.

Geführte Wanderungen
Schwäbischer Albverein,
Ortsgruppe Schwäbisch Hall,
Telefon 0791/9566123.

Jakobsweg
Das Teilstück dieses Pilgerweges
zwischen Rothenburg ob der
Tauber und Rottenburg am Neckar führt durch die Altstadt von
Schwäbisch Hall und ist durch-
gängig markiert.

Kocher-Jagst-Trail
Schöner Fernwanderweg für
Streckenwanderer, bestehend aus
drei Teilen: Jagststeig, Bühlersteig
und Kochersteig. Karten in der
Tourist Information erhätlich.

Idyllische Straße
Wandern im Naturpark Schwä-
bisch-Fränkischer Wald auf 24
Rundwandertouren zwischen 5
und 25 km.

TIPPS

Ankommen

Ausgeschilderte Parkmöglichkeiten entlang Stadtgrabenring. Kostenlos parken: Auwiese oder Kocherwiesen (Steinbach).

DB Bahnhof Schwäbisch Hall (Innenstadt) und Schwäbisch Hall-Hessental (5 km), DB-Karten auch im Kocherquartier erhältlich.

Stadtbus Schwäbisch Hall
Telefon 0791/950100
www.stadtbus-sha.de

Übernachten

Rund um den Marktplatz
· Hotel Goldener Adler
  Telefon 0791/946646-80
· Hotel Scholl
  Telefon 0791/9755-0
· Hotel Adelshof
  Telefon 0791/7589-0

Jenseits Kochens
· Hotel Hohenlohe
  Telefon 0791/7587-0
· Hotel Kronprinz
  Telefon 0791/9770-0

Besondere Ferienwohnungen
· Comburg Torbau
  Telefon 0791/93020-0
· Residenz im Weilertor
  Telefon 0791/2039

Ferien auf dem Bauernhof
· Gliemenhof Familie Frank
  Telefon 0791/6501 (7 km)
· Hohenholz Familie Lang
  Telefon 0791/56071 (5 km)

Campingplatz
· Steinbacher See
  Telefon 0791/2984 (2 km)
· Wohnmobilstellplätze
  Spitalmühlenstr. / Auwiese

Regionale Küche

· Restaurant Goldener Adler
  Am Markt 11
· Brauerei Ausschank Löwen
  Mauerstr. 17
· Restaurant Entenbäck
  Steinerner Steg 1
· Weinstube Weilertor
  Im Weiler 20
· Sudhaus an der Kunsthalle
  Lange Str. 35/1
· Alte Wache
  Am Säumarkt 12
· Markthalle
  Kornhausscheuer

Gehobene Küche

· Restaurant Adelshof
  Am Markt 12–13
· Restaurant Hohenlohe
  Weilertor 14
· Restaurant Eisenbahn
  Karl-Kurz-Str. 2 (3 km)
· Rebers Pflug
  Weckriedener Str. 2 (3 km)

Cafés/Bars

· Café am Markt
  Am Markt 10
· Café Hammel
  Schulgasse 1
· Café Ableitner
  Bahnhofstr. 5-7
· Suite 21
  Neue Str. 21
· Café und Bar Ilge
  Im Weiler 2
· Ollies Café Bar
  Untere Herrngasse 2
· Kultbucht Café Klub
  Haalstr. 9

Die beste Currywurst gibt es beim Imbiss Merz am Haalplatz.